수능 영어를 향한 가벼운 발걸음

맨 처음 수능 영어

주제별 독해

정답 및 해설

다락원

Q
정답 ⑤

소재 Halet Cambel의 일생

1940년에 이스탄불 대학에서 박사 학위를 받은 후, Halet Cambel은 고고학의 발전을 위해 끊임없이 애썼다. 그녀는 Ceyhan 강 근처의, 터키에서 가장 중요한 고고학적 유적지들 중 일부를 보존하는 것을 도왔고, Karatepe에 야외 박물관을 건립했다. 그곳에서, 그녀는 페니키아 문자판을 발견함으로써 인류의 가장 오래된 것으로 알려진 문명 중 하나를 발굴했다. 그녀는 터키의 문화유산을 보존한 그녀의 업적으로 Prince Claus 상을 받았다. 그러나 그녀는 과거의 비밀들을 드러냈을 뿐만 아니라, 또한 자신의 시대의 정치적 분위기를 확실히 다루었다. 불과 20세의 고고학을 전공하는 학생으로서, Cambel은 1936년 베를린 올림픽에 참가하여 올림픽 경기에 출전한 최초의 무슬림 여성이 되었다. 그녀는 후에 Adolf Hitler를 만나도록 초대를 받았지만 정치적인 이유로 그 제안을 거절했다.

해설 글의 후반부에 정치적인 이유로 히틀러의 초대를 거절했다고 했으므로, 글의 내용과 일치하지 않는 것은 ⑤이다.

어휘

doctorate (degree)	박사 학위
degree	학위
advancement	발전
preserve	보존[보호]하다
archaeological	고고학적인
site	장소, 현장
establish	건립[설립]하다
dig up	발굴하다
civilization	문명
deal with	다루다
firmly	확실히, 확고히
political	정치적인
reason	이유; 추론하다
atmosphere	분위기, 대기
reveal	드러내다, 밝히다

● Reading Check　　　　　　본문 p.13

1 archaeology　2 discovered　3 civilizations
4 compete　5 political

주제별 연습문제　정답 01 ② 02 ② 03 ④　　본문 p.14

01
정답 ②

소재 코끼리가 밧줄을 끊고 도망가지 않는 이유

아버지는 자신의 아들을 서커스에 데려갔다. 쇼가 시작되기 전, 그(아버지)는 자신의 아들을 데리고 모두 각각의 우리에 있는 동물들을 보러 가기로 결심했다, 코끼리는 제외했는데, 그것(코끼리)은 밧줄에 묶여 있었다. 자신의 아버지의 손을 잡으면서 작은 소년은 그(아버지)를 돌아보며 "아빠, 이 코끼리는 매우 크고 힘이 센 것 같아요. 그(코끼리)는 밧줄을 걷어차고 도망갈 수 있어요. 왜 그렇게 안

하나요?"라고 말했다. 그(아버지)가 아무리 열심히 현명한 대답을 생각해 내려고 노력했음에도, 아버지에게는 아들에게 해 줄 좋은 대답이 없었다. 그래서 그(아버지)는 자신의 아들에게 코끼리 조련사에게 가서 질문할 것을 제안했다. 소년은 조련사가 지나가는 것을 보았을 때, 그(소년)는 왜 그 동물이 탈출하려고 애쓰지 않았는지 물었다. 조련사는 "이 코끼리가 아기였을 때, 우리는 같은 밧줄을 그(코끼리)의 발과 나무에 묶었단다. 코끼리는 탈출할 수 없었고, 시간이 지나면서 그(코끼리)는 단순히 <u>밧줄을 삶의 방식으로 받아들였지</u>."라고 말했다.

해설 코끼리는 어릴 때부터 밧줄에 묶여있었기 때문에 시간이 지나서 밧줄을 자신의 일부로 받아들였기 때문에 도망가지 않게 된 것이다. 따라서 빈칸에 들어갈 말로 적절한 것은 ② accepted the rope as a way of life(밧줄을 삶의 방식으로 받아들였다)이다.

① 스스로 돌아왔다
③ 언젠가 자유로워지기를 고대하고 있다
④ 다치지 않게 스스로 보호하는 것에 익숙해졌다
⑤ 야생보다 사람들에게 관리되는 것이 더 안전하다고 깨닫게 되었다

어휘

individual	각각의, 개개의
tie	묶다
hold	잡다, 쥐다
run[get] away	도망가다
huge	큰, 거대한
turn to	돌아보다
escape	탈출하다; 탈출
suggest	제안하다, 시사하다
trainer	조련사
pass by	지나가다
beast	동물, 짐승
break free	탈출하다

02
정답 ②

소재 Philip에 대한 알렉산더 대왕의 신뢰

소아시아를 통과하는 진군 중에 알렉산더 대왕은 위독해졌다. 그의 의사들은 만약 성공하지 못한다면 군대가 자신들을 비난할 것이기에 그를 치료하기가 두려웠다. 단 한 명, Philip만이 그가 왕과의 우정과 자신의 약에 확신을 갖고 있었기 때문에 기꺼이 위험을 감수했다. 약이 준비되고 있는 동안, 알렉산더는 그 의사가 그의 주군을 독살하도록 뇌물을 받았다고 쓰여 있는 편지를 받았다. 알렉산더는 누구에게도 보여주지 않고서 그 편지를 읽었다. Philip이 약을 가지고 막사로 들어왔을 때, 알렉산더는 그로부터 컵을 받아들고 Philip에게 그 편지를 건넸다. 그 의사가 그것(편지)을 읽는 동안 알렉산더는 차분하게 컵의 내용물을 마셨다. 그(Philip)는 겁에 질려서 왕의 침대 옆에 엎드렸지만, 알렉산더는 자신이 그를 전적으로 믿고 있다고 말했다. 3일 후, 왕은 자신의 군대 앞에 다시 나타날 수 있을 만큼 충분히 회복되었다.

해설 다른 의사들은 알렉산더를 치료하는 것을 두려워했지만 Philip은 Alexander를 치료하여 기꺼이 위험을 감수했으므로, 글의 내용과 일치하지 않는 것은 ②이다.

어휘

march	진군; 행군하다
physician	의사, 내과의사
treat	치료하다, 취급하다
blame	비난하다
willing	기꺼이 ~하는
take a risk	위험을 감수하다
confidence	자신감
prepare	준비[대비]하다
bribe	뇌물을 주다; 뇌물
poison	독살하다; 독
hand	건네다; 손
calmly	차분히, 조용히
content	내용(물); 만족하는
terrified	겁에 질린, 무서워하는
appear	나타나다

03 정답 ④

소재 Atitlán Giant Grebe가 약 80마리만 남아 있게 된 이유

Atitlán Giant Grebe는 날지 못하는 큰 새였다. 1965년 무렵에는 Atitlán 호수에 약 80마리만이 남겨져 있었다. (C) 한 가지 직접적인 원인은 충분히 알아내기 쉬운데, 현지의 인간들이 빠른 속도로 갈대밭을 베어 넘어뜨리는 것이었다. 이런 파괴는 빠르게 성장하는 매트 제조 산업의 필요에 의해 야기되었다. (A) 그러나 다른 문제들이 있었다. 한 미국 항공사가 그 호수를 낚시꾼들의 관광지로 개발하는 데 관심을 보였다. 하지만 이 생각에 큰 문제가 있었는데, 그 호수에는 어떤 적절한 스포츠용(낚시용) 물고기도 없었다! (B) 이 분명한 결함을 해결하기 위해 Large-mouthed Bass(큰입농어)라 불리는 특별히 선택된 물고기 종이 도입되었다. 큰입농어는 즉각 그 호수에 사는 게와 작은 물고기를 먹어치우기 시작했고, 따라서 몇 마리 남은 먹이를 놓고 경쟁하였다. 또한, 가끔 그들(큰입농어들)이 Atitlán Giant Grebe 새끼들을 사냥했다는 것은 분명하다.

해설 주어진 문장에 Atitlán Giant Grebe새의 개체수가 얼마 남지 않았다고 언급되었다. 그 원인을 매트 제조 산업으로 설명하는 (C)가 이어지고, (A)에서 또 다른 원인(관광지 개발)인 스포츠 낚시를 언급한 후 (B)에서 스포츠낚시와 관련된 이야기로 마지막으로 개체수가 왜 줄었는지에 대해서 다시 한 번 언급하는 것이 글의 순서로 가장 적절하다.

어휘

flightless	날지 못하는
locate	알아내다, 찾아내다
reed bed	갈대밭
rate	속도, 비율
tourist destination	관광지
lack	~이 없다[부족하다]
suitable	적절한
flaw	결함
introduce	도입하다
instantly	즉각, 즉시
eat out	먹어치우다
compete	경쟁하다
chick	새끼 새, 병아리
direct	직접적인

destruction	파괴

Vocabulary Review 본문 p.17

1. (1) tied   (2) willing   (3) passing by
   (4) degree   (5) preserve
2. (1) flaw   (2) lack   (3) content
   (4) treat   (5) hand   (6) individual
   (7) locate   (8) introduce   (9) blame
   (10) bribe

01

(1) 그 집은 밧줄로 묶여 있었다.
(2) 나는 기꺼이 지역봉사를 위해 시간을 낼 것이다.
(3) 지나가고 있는 사람들은 아마 그것에 관심을 기울일 지도 모른다.
(4) 이 자리에 대한 대부분의 후보자는 학위가 있어야 한다.
(5) 그 사회 집단은 멸종위기 종을 멸종에서 보호하기 위해서 설립되었다.

02

(1) 결함   (2) ~이 없다[부족하다]
(3) 내용(물)   (4) 치료하다   (5) 건네다
(6) 각각의, 개인의   (7) 알아내다, 찾아내다
(8) 도입하다   (9) 비난하다
(10) 뇌물을 주다

UNIT 02 철학, 종교 본문 p.18

Q 정답 ①

소재 협업과 이익

스코틀랜드의 경제학자 Adam Smith는 경쟁을 자기 이익의 극대화로 보았다. 그는 자신의 이익과 경쟁의 추구를 경제를 이끄는 자질로 설명했다. 그러나 오늘날 가장 '경쟁적인 사람들'은 그의 철학을 수학자 John Nash의 생각으로 대체하고 있다. 그는 스위스 철학자 Jean-Jacques Rousseau의 이론을 수학적으로 증명했는데, 집단들이 함께 일할 때 이익의 전체 크기는 거의 항상 커지므로 각 집단은 혼자 얻을 수 있는 것보다 더 많은 것을 얻을 수 있다는 것이다. 예를 들어 그들(네 명의 사냥꾼)이 홀로 행동할 때, 네 명의 사냥꾼은 각각 한 마리의 토끼만 잡을 수 있지만, 그들이 함께 하면 사슴 한 마리를 잡을 수 있다. 그래서 오늘날 똑똑한 경쟁자들은 그들이 할 수 있을 때마다 협력한다. 연구는 거의 90%의 경우에, 협력하는 환경에 있는 사람들이 전통적인, '경쟁적인,' 이기고 지는 환경의 사람들보다 업무 수행을 더 잘 한다는 것을 보여준다. 다시 말해서, <u>협업이 더 나은 결과를 만들어낸다.</u>

해설 자기이익을 극대화하는 경쟁의 추구가 경제를 이끈다는 생각과는 달리, 협력하는 환경의 사람들이 더 큰 결과를 만들어 낸다고 하였으므로 빈칸에 들어갈 말로 가장 적절한 것은 ① collaboration produces better results(협업이 더 나은 결과를 만들어낸다)이다.
② 과로가 스트레스의 주요 원인이다
③ 협력은 노동시간을 줄이지 않는다
④ 시장에서 경쟁은 필수이다
⑤ 많은 직업들이 독립적으로 일할 능력을 요구한다

어휘

economist	경제학자
competitiveness	경쟁
maximize	극대화하다
self-interest	자기 이익
pursuit	추구
quality	자질
replace A with B	A를 B로 대체하다
mathematically	수학적으로
philosopher	철학자
party	집단
overall size	전체 크기
benefit	이익; 이익을 주다
expand	커지다, 확대되다
competitor	경쟁자
cooperative	협력하는
collaboration	협업

Reading Check   본문 p.19

1 maximizing   2 economy   3 together
4 alone   5 cooperate 6 compete
7 better

주제별 연습문제   정답 01 ⑤ 02 ① 03 ①   본문 p.20

01   정답 ⑤

소재 타인을 이해하는 방법

철학자들은 사람들이 서로를 이해하는 방법에 대해 오랫동안 논쟁을 해왔다. 어떤 사람들은 우리가 신중하게 이론을 형성한다고 믿는다. 우리는 다른 사람들이 어떻게 행동할 것인지에 대한 가설을 생각해 내고, 그러고 나서 그러한 가설들을 우리가 시시각각으로 관찰하는 증거에 반하여 검증한다. 이 이론에서, 사람들은 끊임없이 증거를 따져 보고 설명을 검증하고, 그들이 이성적인 과학자라는 인상을 준다. 그리고 이러한 종류의 가설 검증이 우리가 서로를 이해하는 방법의 일부라는 뚜렷한 증거가 있다. 하지만 오늘날 대부분은 자동적으로 스스로 다른 사람들의 입장이 되어 보고 자신 안에서 그들이 경험하고 있는 것을 느낌으로써 다른 사람들이 느끼는 것을 이해한다고 믿는다. 이런 관점에서, 사람들은 다른 존재들에 대해 판단을 내리는 냉정한 이론가들이 아니다. 그들은 그들 주변에 있는 사람들에게서 그들이 본 반응들을 공유하거나 최소한 흉내 냄으로써 이해하는 무의식적인 배우들이다.

해설 사람들이 타인에 대한 증거를 비교 평가하고 검증하는 과정을 통해

이성적인 과학자의 모습으로 서로를 이해한다고 생각했지만, 오늘날 사람들은 남의 입장에서 타인을 이해한다는 내용의 글이다. 주어진 문장은 이런 관점에서 냉정한 이론가가 아니라고 하였으므로, 타인의 입장에서 이해하는 배우들이라는 내용 앞인 ⑤에 오는 것이 가장 적절하다.

어휘

perspective	관점
theorizer	이론가
judgment	판단
argue	논쟁하다
one another	서로
carefully	신중하게
come up with	생각해 내다
hypothesis	가설
behave	행동하다
evidence	증거
observe	관찰하다
minute by minute	시시각각으로
constantly	끊임없이
weigh	따져 보다
explanation	설명
impression	인상
rational	이성적인
in others' shoes	~의 입장에서
unconscious	무의식적인
simulate	흉내 내다
response	반응

02   정답 ①

소재 생명을 소중하게 만드는 삶의 연약함

그가 죽기 전에, 현대의 불교 스승인 Dainin Katagiri는 '침묵으로의 회귀(Returning to Silence)'라는 주목할 만한 책을 저술했다. 그는 인생이 "위험한 상황이다"고 썼다. 생명을 소중하게 만드는 것은 삶의 약함이며, 그의 말은 자신의 삶이 죽어가고 있다는 바로 그 사실로 가득 차 있었다. "도자기 그릇은 언젠가는 깨질 것이라는 이유로 아름답다…. 그릇의 생명은 언제나 위험한 상황에 놓여 있다." 삶에 대한 우리의 투쟁은 이것과 같다: 우리의 삶은 이런 종류의 피할 수 없는 상처와 불안정한 아름다움으로 가득 차 있다. 우리는 잊어 버린다 — 우리가 얼마나 쉽게 잊는지 — 사랑과 상실이 친밀한 동반자라는 것과 우리가 진짜 꽃을 플라스틱 꽃보다 훨씬 더 사랑하고 한 순간만 지속하는 산중턱을 가로지르는 황혼의 색조를 사랑한다는 것을 말이다. 우리의 마음을 여는 것은 바로 이 연약함이다.

해설 도자기 그릇을 비유로 들어 그릇이 아름다운 이유는 언젠가는 깨질 것이기 때문이라고 하며, 우리의 삶 또한 피할 수 없는 상처와 불안정한 아름다움으로 가득 차 있어 우리의 생명을 소중하게 느끼도록 만든다는 내용의 글이므로, 빈칸에 들어갈 말로 가장 적절한 것은 ① fragility(연약함)이다.
② 안정성   ③ 조화   ④ 만족감   ⑤ 다양성

어휘

contemporary	현대의
Buddhist	불교의
remarkable	주목할 만한
weakness	연약함

precious	소중한
pass away	사망하다, 죽다
china bowl	도자기 그릇
on the grounds	~라는 이유로
circumstance	상황
struggle	투쟁
inevitable	피할 수 없는
unstable	불안정한
intimate	친밀한
companion	동반자
cast	색조
twilight	황혼
mountainside	산중턱
fragility	연약함

03 정답 ①

소재 문화적 경험의 산물로서의 개인성(개인적 특성)

플라톤에서 데카르트에 이르는 철학자들의 영향을 받은 서양의 통념은 개인들이 (특히 천재들이) 창의성과 독창성을 가지고 있다고 말한다. 사회적이고 문화적인 영향과 원인들은 무시되거나 고려 사항으로부터 완전히 제거된다. 사상은, 독창적이든 관습적이든, 개인들과 동일시되며 그들이 하는 특별한 것들은 그들의 유전자와 두뇌에 기인한다. 여기서 '트릭'은 개개의 인간이 사회적 구성 그 자체이며 그들이 생애 동안 접해온 사회적이고 문화적인 영향의 다양성을 구현하고 반영한다는 것을 인식하는 것이다. 즉, 우리의 개인성(개인적 특성)은 부인되는 것이 아니라, 특정한 사회적이고 문화적인 경험의 산물로 여겨지는 것이다. 뇌 그 자체가 사회적인 것이며, 구조적으로 그리고 사회 환경에 의한 그것의 연결성 수준에서 영향을 받는다. '나'는 문법적인 환상인 것처럼 '개인'은 법적, 종교적, 그리고 정치적 허구이다.

해설 철학자들의 영향을 받은 서양의 일반 통념은 창의력과 독창성을 개인과 동일시하지만 모든 인간은 사회적 구성으로서 각자의 사회적, 문화적 경험의 산물이라는 내용이므로, 글의 주제로 가장 적절한 것은 ① '개인성(개인적 특성)에 내재한 사회적 속성의 인식'이다.
② 개인성(개인적 특성)과 집단성 간의 간격(격차)을 메우는 방법
③ 독창적인 생각과 관습적인 생각을 구분하는 것과 관련된 문제
④ 인간 유전자에 구현된 진정한 개인성(개인적 특성)의 인정
⑤ 개인주의에서 상호 의존으로 전환할 필요성

어휘

conventional	관습적인
originality	독창성
identify with	~와 동일시하다
be attributed to	~에 기인하다
gene	유전자
embody	구현하다
variety	다양성
deny	부인하다
be viewed as	~로 여겨지다
specific	특정한
connectivity	연결성
religious	종교적인
fiction	허구

grammatical	문법적인
illusion	환상

Vocabulary Review 본문 p.23

1 (1) originality (2) responses (3) competitiveness
 (4) inevitable (5) impression
2 (1) fiction (2) specific (3) contemporary
 (4) perspective (5) expand (6) rational
 (7) conventional (8) hypothesis (9) struggle
 (10) cooperative

01
(1) 그녀는 자신의 예술적인 독창성을 보여줄 기회가 없었다.
(2) 두뇌는 수천 가지 자극에 대한 수백 가지의 다양한 반응을 기록해야만 한다.
(3) 새로운 자동차의 개발이 제조업자들 간의 경쟁을 높였다.
(4) 우리의 우월감은 지속될 수 없었기 때문에, 우리는 피할 수 없는 무너짐을 경험했다.
(5) 좋은 인상을 남기기 위해서는 "잘 가세요."가 "안녕하세요."보다 더 커야 한다는 것을 명심하라.

02
(1) 허구	(2) 특정한	(3) 현대의
(4) 관점	(5) 커지다, 확대되다	(6) 이성적인
(7) 관습적인	(8) 가설	(9) 투쟁
(10) 협력하는		

UNIT 03 역사, 풍습, 지리 본문 p.24

Q 정답 ③

소재 과거 아프리카에서 머리카락에 대한 인식

과거 17세기 정도에 머리카락은 아프리카에서 특별한 영적인 의미를 가졌다. 많은 아프리카의 문화들은 신체에서 머리를 지배, 소통, 그리고 정체성의 중심이라고 여겼다. 머리카락은 힘의 원천으로 여겨졌고 사람들은 또한 머리카락의 힘이 개인을 존재하게 한다고 믿었고, 영적인 목적을 위해서나 심지어 마법을 위해서 사용될 수 있다고 믿었다. 그것(머리카락)은 신체의 가장 높은 지점에 있기 때문에, 머리카락은 그 자체로 신성한 영혼들과 소통할 수 있는 수단이었다. 게다가 머리카락이 행운을 가져오거나 악으로부터 지켜준다고 여겨졌다. 사람들은 서로의 머리카락을 (어떤 모양으로) 만들어 주면서 사귀는 기회를 가졌고 머리카락에 대한 공유된 전통이 전해졌다. 작가 Ayana Byrd와 Lori Tharps에 따르면, "신과 영혼들로부터의 의사소통이 머리카락을 통과하여 영혼에 다다른다고 여겨졌다." 예를 들어 Cameroon에서는 치료 주술사들이 (마법의) 물약을 보호하고 그것(물약)들의 효과를 높이기 위해 머리카락을 자신들의 치료 물약

을 담은 통에 넣었다.

[해설] 과거 아프리카 문화 중에서 머리카락이 영적인 힘을 가지고 있다고 여겨졌다는 내용의 글이다. 그러므로 ③ 사람들은 서로의 머리카락을 어떤 모양으로 만들어 주면서 사귀는 기회를 가졌고 머리카락에 대한 공유된 전통이 전해졌다는 내용은 흐름상 어색하다.

[어휘]

spiritual	영적인
center	중심
identity	정체성
source	원천
see A as B	A를 B로 여기다
communicate	의사소통하다
divine	신성한, 신의
spirit	정신, 영혼
socialize	사귀다, 사회화하다
style	(스타일을) 만들다
pass down	~을 전해주다
medicine man	치료 주술사
contain	담다, 들어 있다
protect	보호하다
effectiveness	효과

▶ Reading Check 본문 p.25

1 spiritual 2 center 3 power
4 exist 5 bring 6 protect

주제별 연습문제 정답 01 ① 02 ⑤ 03 ④ 본문 p.26

01
정답 ①

[소재] 지리적으로 확실한 경계가 없는 넓은 대양

주요 대양은 모두 서로 연결되어 있어, 그것(대양)들의 지리적 경계가 대륙의 경계보다 식별하기 더 어렵다. 결과적으로 그것(대양)들의 생물 군집은 육지에서의 생물 군집보다 덜 명확한 차이를 보여준다. 각 해저분지 안에서 물이 천천히 회전하기 때문에 대양 자체는 끊임없이 움직인다. 이 이동하는 해류는 해양 생물을 여기저기로 운반하며, 또한 그들(해양 생물)의 새끼나 유충의 분산을 돕는다. 더욱이 다양한 지역의 대양 해수 덩어리 환경 간의 변화도는 매우 점진적이며, 종종 상이한 생태학적 내성의 매우 다양한 유기체가 서식하는 넓은 지역으로 확장된다. 유기체의 이동에 방해물이 있을 수 있지만, 탁 트인 대양에 확실한 경계는 없다.

[해설] 대양이 모두 연결되어 지리보다 구분이 어렵기 때문에 바다 속 생물 군집이 육지에서의 생물 군집에 비해 덜 확실한 차이가 있어 생물 이동에는 약간 어려움이 있어도 경계는 없다는 내용의 글이다. 그러므로 빈칸에 들어갈 말로 가장 적절한 것은 ① no firm boundaries(확실한 경계는 없다)이다.
② 생물 다양성의 한계가 있다.
③ 나라간 영해 문제가 거의 없다.
④ 바다가 대륙보다 더 자유롭다는 증거가 있다.
⑤ 더 많은 종이 더 넓은 바다로 확산될 수 있는 방법에 대한 논의가 있다.

[어휘]

interconnected	서로 연결된
geographical	지리적인, 지리의
border	경계
identify	식별하다, 확인하다
continent	대륙
evident	명백한
revolve	회전하다
marine	해양의
distribution	분포
larvae	유충
progressive	점진적인
inhabited	서식하는
ecological	생태학적인
tolerance	내성, 관용
barrier	방해물

02
정답 ⑤

[소재] 경제 활동을 기록하는 수단이었던 초기의 쓰기 체계

쓰기의 발달은 수다쟁이, 이야기꾼, 또는 시인에 의해서가 아니라 회계사에 의해 개척되었다. 가장 초기의 쓰기 체계는 신석기 시대에 뿌리(근간)를 두고 있는데, 그때 생활에 엄청난 변화가 있었다; 수렵과 채집에서 농업에 기초한 정착된 생활 방식으로 옮겨간 것이다. 기원전 9500년 경 이러한 변화가 시작된 지역은 비옥한 초승달 지대로 알려져 있었는데, 그것은 현대의 이집트에서부터 터키 남동부까지, 또 아래로는 이라크와 이란 사이의 국경 지대까지 뻗어 있다. 쓰기는 이 지역에서 곡물, 양 그리고 소와 같은 농업적 상품에 대한 거래(내역)를 설명하기 위해 작은 점토 조각을 사용하는 관습으로부터 발달했던 것처럼 보인다. 기원전 3400년경 메소포타미아 도시인 Uruk에서 최초로 쓰여진 문서는 빵의 양, 세금의 지불, 그리고 간단한 부호와 표시를 사용하는 다른 거래들을 점토판에 기록하고 있다.

[해설] 거래의 기록을 시작으로 쓰는 것이 발달했다는 것이 주된 글의 내용으로, 글의 주제로 가장 적절한 것은 ⑤ '경제 활동을 기록하는 방법으로써 초기 글쓰기'이다.
① 농업생산을 향상시키는 다양한 도구들
② 문자 체계를 이용할 때 지역적 차이들
③ 고대 도시에서 농작물을 저장하는 방법
④ 농업 발달에 기반하여 변화된 생활 방식

[어휘]

pioneer	개척하다
accountant	회계사
gossip	수다쟁이, 험담꾼
poet	시인
foundation	근간, 기반, 토대
significant	엄청난, 중요한
hunting	수렵, 사냥
gathering	채집, 수확
settled	자리를 잡은, 안정된
shift	변화
border	국경, 경계
stretch	뻗어 있다
appear	~처럼 보이다
practice	관습

account for ~을 설명하다
transaction 거래
clay tablet 점토판

03 정답 ④

소재 원주민 문화, 토테미즘(totemism)

원주민 문화의 한 가지 놀라운 측면은 부족의 구성원이 태어날 때 자연 일부의 영혼과 정체성을 취한다는 '토테미즘'의 개념이다. 명백히 자신의 고유한 일부로 지구와 지구의 풍요를 보는 이 관점은 우리가 환경을 학대하는 것을 삼가도록 하는데 왜냐하면 스스로의 파괴만을 의미할 뿐이기 때문이다. 토템은 물체 그 이상의 것이다. 그것들은 영적 제사, 구전 역사, 그리고 영혼의 과거 여행길 기록들이 존재하고 신화가 될 수 있는 의식용 오두막을 포함한다. 그 주된 동기는 부족 신화의 보존과 모든 개인의 기원을 자연 속에서 통합하고 공유하는 것이다. 원주민들은 생태적 균형을 존중하는 행동 패턴과 자신들을 지구와 함께 하도록 놓아주는 우주론, 자신들의 조상과 관련시키는 토템들을 통해 환경과 자신들의 관계를 하나의 조화로운 연속체로 간주한다.

해설 토테미즘을 통해 원주민들은 지구와 지구의 풍요를 자신의 고유한 일부로 간주한다고 했으므로 빈칸에 들어갈 말로 가장 적절한 것은 ④ their relationship to the environment as a single harmonious continuum(환경과 자신과의 관계를 하나의 조화로운 연속체로)이다.
① 자신들이 자연과 자연의 풍요와 양립하지 않는다고
② 자신들의 신화를 개인주의를 향한 주요한 동기로
③ 자신들의 정체성을 주변의 자연과 독립된 것으로
⑤ 자신들의 공동 의식을 자신들을 자신들의 기원으로부터 멀리 떨어뜨리는 관문으로

어휘
striking 놀라운
assume 취하다, 띠다
light 관점, 견해
fertility 풍요, 비옥함
refrain from ~을 삼가다, 절제하다
mistreatment 학대
destruction 파괴
word-of-mouth 구전의
lodge 오두막
mythology 신화 (= myth)
preservation 보존
integration 통합
continuum 연속체
cosmology 우주론
respect 존중하다

---

1 (1) identify (2) appear (3) assumes
(4) pioneer (5) communicate
2 (1) divine (2) shift (3) fertility
(4) socialize (5) practice (6) inhabited
(7) foundation (8) integration (9) distribution
(10) border

01
(1) 그들은 범인을 확인할 수 있었다.
(2) 나는 그 수치들이 현실적인 것처럼 보인다고 생각한다.
(3) 그 현상은 큰 중요성을 띤다.
(4) 나는 매우 혁신적인 실험 방법을 개척할 것이다.
(5) 이것이 우리가 서로 의사소통하는 방법이다.

02
(1) 신성한, 신의 (2) 변화 (3) 풍요, 비옥함
(4) 사귀다, 사회화하다 (5) 관습 (6) 서식하는
(7) 근간, 기반, 토대 (8) 통합 (9) 분포, 분배
(10) 경계

UNIT 04 물리, 화학, 항공우주 본문 p.30

Q 정답 ④

소재 과학자에 따라 현상에 대한 다른 견해

물리학에서, 과학자들은 우주에 관해 우리가 관찰하는 자료를 설명하고 예측하기 위해서 모형이나 이론을 만든다. 뉴턴의 중력 이론이 한 가지 예이고, 아인슈타인의 중력 이론이 또 다른 예이다. 그 이론들은 비록 같은 현상을 설명하고 있지만, 현실에 대한 아주 다른 견해를 다룬다. 예를 들어, 뉴턴은 질량이 힘을 가함으로써 서로에게 영향을 미친다고 생각했다. 반면에, 아인슈타인의 이론에서는 공간과 시간의 구부러짐을 통해 그 결과가 일어나며, 힘으로서의 중력의 개념이 없다. 둘 중 어느 이론도 사과가 떨어지는 것을 아주 정확하게 설명하는데 사용될 수 있을 것이지만, 뉴턴의 이론이 사용하기가 훨씬 더 쉬울 것이다. 반면에, 운전하는 동안 장소를 찾는 것을 도와주는 인공위성에 기반을 둔 전(全) 지구 위치 파악 시스템(GPS)을 위해 필요한 계산을 위해서는, 뉴턴의 이론이 잘못된 정답을 줄지도 모른다. 그래서 아인슈타인의 이론이 사용되어야 한다.
→ 과학자의 이론에는 동일한 현상에 대한 다양한 견해가 있다. 따라서 각각의 이론이 적용되는 분야는 다를 수 있다.

해설 물리학에서 같은 현상을 뉴턴과 아인슈타인이 서로 다른 중력 이론으로 다루고 있다는 것이 글의 요지이므로 빈칸(A)에는 현상(phenomenon), 빈칸(B)에는 적용되는(applies)이 들어가는 것이 가장 적절하다.
① 부작용 – 순응하다 ② 가설 – 기여하다
③ 관찰 – 복종하다 ⑤ 입증 – 반대하다

predict	예측하다
observe	관찰하다
universe	우주
deal with	다루다
gravity	중력
mass	질량, 덩어리
apply	적용하다
bending	구부러짐
either	둘 중 하나
navigate	길을 찾다, 항해하다
identical	동일한
phenomenon	현상

Reading Check   본문 p.31

1 phenomenon   2 Masses   3 applying
4 falling   5 bending   6 navigate

주제별 연습문제   정답 01 ③ 02 ③ 03 ②   본문 p.32

01   정답 ③

소재 원자의 개념

나는 어느 여름날 저녁 스페인의 한 식당 밖에 앉아 저녁 식사를 기다리고 있었다. 주방의 향기가 나의 미뢰를 자극했다. 먹을 것이라 기대하고 있던 음식은, 너무 작아 눈으로 볼 수는 없지만 코로는 감지되는, 공중을 떠다니는 분자의 형태로 내게 오고 있었다. 고대 그리스인들에게 이런 식으로 원자의 개념이 최초로 떠올랐는데, 빵 굽는 냄새는 그들에게 빵의 작은 입자가 눈에 보이지 않게 존재한다는 것을 시사했다. 날씨의 순환은 이 생각을 강화했다: 지면 위 물 웅덩이는 점차 말라 사라지고, 그런 다음 나중에 비로 떨어진다. 수증기로 변하여 구름을 형성하고 땅으로 떨어지는 물 입자가 존재하는 게 틀림없고, 그래서 그 작은 입자들이 너무 작아 보이지 않더라도 그 물은 보존된다고 그들은 추론했다. 스페인에서의 나의 파에야가 원자 이론에 대한 공로를 인정받기에는 4천 년이나 너무 늦게 내게 영감을 주었다.

해설 ③ infer(추론하다)의 목적어로 알맞은 절의 쓰임을 물어보는 문제다. what절은 명사절로 쓰일 수 있지만 뒷문장이 불완전하다는 특징이 있다. 그러므로 완전한 문장을 명사절로 이끄는 접속사 that으로 고쳐야 한다.
① but (molecules are) detected의 구조로, 분자(molecules)는 탐지가 되기 때문에 수동의 의미를 가지고 있는 과거분사 detected는 맞게 쓰였다.
② exist는 자동사로 과거시제가 적용된 existed는 적절하다.
④ 주체가 행위의 대상이 되는 수동 관계로 문맥상 물이 보존된다의 뜻이므로 수동태 is conserved가 맞다.
⑤ late는 '늦은'이라는 형용사로 too 뒤에 알맞게 쓰였다.

어휘

wait for	~을 기다리다
scent	향기
stimulate	자극하다
drift	떠돌다, 이동하다

detect	감지하다
particle	입자
beyond vision	눈에 보이지 않는
reinforce	강화하다
infer	추론하다
steam	수증기
conserve	보존[보호]하다
inspire	영감을 주다
take the credit	공로를 인정받다
atomic	원자의

02   정답 ③

소재 신선한 농산물 취급할 때 온도 이외의 공기 관리의 중요성

신선한 농산물을 취급할 때 온도를 조절하는 것 이외에도 공기의 관리도 중요하다. 저장하는 동안 공기 중에 약간의 습기가 탈수를 막아주지만, 너무 많은 습기는 곰팡이의 증식으로 이어질 수 있다. 일부 상업용 저장 시설은 공기를 관리하고 있는데(저온 저장과 함께 공기의 농도를 조절하는 장치를 가지고 있는데), 이산화탄소와 습기 양쪽 모두의 수준이 세심하게 조정된다. 살아 있는 생명체가 숨을 쉴 때 이산화탄소를 방출하지만, 이산화탄소는 오염 물질로 널리 간주된다. 때때로 에틸렌 가스와 같은 다른 기체들이 바나나와 다른 신선한 농산물의 최적의 품질을 달성하는 데 도움이 되도록 적절한 수준으로 유입될 수도 있다. 저장된 식품들 사이에 약간의 공기 순환에 대한 필요성은 기체와 습기의 관리와 관련되어 있다.

해설 농산물 취급관리에 관한 내용의 글이다. 따라서 살아 있는 생명체가 숨을 쉴 때 이산화탄소를 방출하지만, 이산화탄소는 오염 물질로 널리 간주된다는 내용의 ③은 전체 흐름과 관계가 없다.

어휘

besides	~이외에도
adjust	조절하다, 적응하다
produce	농산물; 생산하다
atmosphere	공기, 대기, 분위기
prevent	~을 하지 못하게 하다
storage	저장
lead to	~로 이어지다, 야기하다
mold	곰팡이
warehouse	저장 창고
regulate	규제하다
modify	조정[수정]하다
emit	방출하다
breathe	호흡하다
pollutant	오염 물질
appropriate	적절한, 적당한
introduce	도입하다
optimal	최적의
circulation	순환

03   정답 ②

소재 멀리 떨어져 있는 사람의 작은 소리도 들릴 수 있는 원리

속삭임의 회랑은 어떤 돔이나 곡면의 천장 아래에서 발견되는 놀라운 음향 공간이다. (B) 유명한 것(공간)은 뉴욕시의 Grand Central 역에 있는 유명한 식당 바깥에 있다. 그곳은 데이트하기에 재미있는

곳으로, 여러분 두 사람은 혼잡한 통로에 의해 분리되어 40피트 떨어져 있으면서도 낭만적인 말을 주고받을 수 있다. 여러분은 서로의 말을 분명하게 듣겠지만 지나가는 사람들은 여러분이 하는 말을 듣지 못할 것이다. (A) 이런 효과를 실현하기 위해 여러분 두 사람은 그 공간의 대각선으로 맞은편의 구석에 벽을 마주 보면서 서 있어야 한다. 이제 당신은 초점 가까이 있다; 그것(초점)은 여러분이 내는 소리가 통로의 곡면인 벽과 천장에서 반사되면서 집중되는 특별한 지점이다. (C) 보통 여러분이 만드는 음파는 모든 방향으로 이동하고 각기 다른 시간과 장소에서 벽에 반사되어, 그것(음파)들을 너무 많이 뒤섞으므로 40피트 떨어져 있는 듣는 사람의 귀에는 전달되지 않는다. 그러나 '초점'에서 속삭일 때, 반사되는 음파는 전부 다른 초점에 '동시에' 도달하며, 그리하여 서로를 강화하여 여러분의 말이 들리게 한다.

해설 속삭임의 회랑을 언급한 뒤 (B)에서 속삭임의 회랑으로 유명한 장소와 속삭임의 회랑이 무엇인지 설명하고 (A)에서 원리를 설명하기 시작하여 그 (원리)로 인해 일반적인 음파와의 차이와 속삭임의 회랑의 원리에 대한 추가 설명을 하는 (C)로 이어지는 것이 글의 순서로 가장 적절하다.

어휘

astonishing	놀라운
curved	곡선의
realize	실현하다, 깨닫다
concentrate	집중시키다
reflect	반사하다
locate	~에 위치시키다
intriguing	흥미로운
separate	분리하다
congested	혼잡한
passerby	지나가는 사람
opposite	맞은 편의
bounce off	~에서 반사되다
deliver	전달[배달]하다
simultaneously	동시에
reinforce	강화하다

Vocabulary Review
본문 p.35

1 (1) scent   (2) deal with   (3) conserve
   (4) adjust   (5) apply

2 (1) drift   (2) realize   (3) inspire
   (4) emit   (5) modify   (6) reflect
   (7) passerby   (8) infer   (9) congested
   (10) navigate

01
(1) 그 방은 꽃향기로 가득 차 있다.
(2) 그는 몇 가지 일반적인 오해를 막 다루려는 참이었다.
(3) 우리는 그 지역의 야생 동물 보호를 위한 새 법률들을 제정할 것이다.
(4) 그들은 그 목표를 성취하기 위해 자신들의 환경의 변화에 적응할 수 있다.

(5) G20 정상회담은 국제표준을 어긴 국가들에 제재를 가할[적용할] 것이다.

02
(1) 떠돌다, 이동하다   (2) 실현하다, 깨닫다   (3) 영감을 주다
(4) 방출하다   (5) 조정[수정]하다   (6) 반사하다
(7) 지나가는 사람   (8) 추론하다   (9) 혼잡한
(10) 길을 찾다, 항해하다

UNIT 05 생명과학, 지구과학
본문 p.36

Q
정답 ③

소재 체온 유지의 중요성

우리가 어디를 가든, 무엇을 하든, 체온은 우리의 효소들이 가장 잘 작용하는 온도에서 유지된다. 중요한 것은 몸의 표면 온도가 아니다. 일관되게 유지되어야 하는 것은 몸 속 깊은 곳의 온도이다. 정상적인 체온보다 단지 몇 도라도 높거나 낮을 때 우리의 효소들은 기능할 수 없다. 만약 이러한 상태가 일정 시간 계속된다면 우리의 세포 안에서의 반응들은 지속될 수 없고 우리는 죽게 될 것이다. 운동 중 근육에서 발생되는 열, 질병으로 인한 열, 그리고 외부 온도까지, 모든 종류의 것들은 내부 체온에 영향을 미칠 수 있다. 우리가 우리의 체온을 조절할 수 있는 방법은 많다: 옷, 우리가 행동하는 방식, 그리고 활동량에 변화를 줌으로써 말이다. 그러나 우리는 또한 타고난 통제 체계를 가지고 있다: 너무 더우면 땀을 흘리기 시작한다.

해설 만약 이러한 상태가 일정 시간 계속된다면 우리의 세포 안에서의 반응들은 지속될 수 없고, 우리는 죽게 될 것이라는 주어진 문장에서 '이러한 상태'는 앞 문장의 정상체온보다 높거나 낮을 때 효소들이 제대로 기능할 수 없는 상태를 말하므로, ③에 들어가는 것이 가장 적절하다.

어휘

temperature	온도
maintain	유지하다
last	지속되다
length	길이, 시간[기간]
reaction	반응
perish	죽다, 소멸하다
matter	중요하다
surface	표면
consistent	일관된
internal	내부의
generate	발생시키다
external	외부의
adjust	조절[조정]하다
behave	행동하다
intrinsic	타고난, 고유의
regulation	통제, 규제
sweat	땀을 흘리다

1 temperature **2** internal **3** enzymes
4 adjust **5** intrinsic

주제별 연습문제 정답 01 ⑤ 02 ① 03 ④ 본문 p.38

01
정답 ⑤

소재 우리가 현재 보고 있는 것은 모두 과거의 잔상이라는 사실

과학은 그것(세상)이 그것(세상)에 대한 우리의 관찰과 얼마나 다른가가 아니라, 세상이 어떻게 우리에게 보이는지를 말해 줄 수 있을 뿐이고, 그러므로 바로 지금은 과학과 거리가 먼 것 같다. 우주를 들여다볼 때, 당신은 먼 옛날의 과거를 들여다보는 것이다. 몇몇 별들은 죽은 지 벌써 오래 되었지만 우리는 그것(별)들의 이동하는 빛 때문에 여전히 그것(별)들을 본다. 대략 6,000만 광년 떨어진 곳에 위치한 별들 중 하나에 우리가 존재한다고 가정해 보라. 만약 우리가 지구를 향해 있는 정말 성능이 좋은 망원경을 가지고 있다면, 공룡이 걸어 다니고 있는 것을 볼 것이다. 우주의 극단(맨 끝)은 아마도 너무 오래되어서 만약 우리가 그러한 망원경을 가지고 있다면 그 시작을 볼 수 있을지도 모른다. 멀리 떨어진 것들 외에도 가까이 있는 우리 주위의 물체들조차 모두 과거의 잔상인데 왜냐하면 빛의 반사가 우리 눈에 도달하는 데 여전히 시간상의 지체가 있기 때문이다. 우리 몸이 느끼는 모든 감각이 뇌에 전달되기까지는 어느 정도의 시간이 걸린다.

해설 우리가 보는 별은 이미 오래 전에 죽었지만 빛 때문에 우리가 볼 수 있는데 이는 빛이 우리 눈에 도달하는데 걸리는 시간상의 지체 때문이라고 하였으므로, 밑줄 친 부분이 의미하는 바로 가장 적절한 것은 ⑤ '우리가 보고 있는 것은 지나간 과거이며, 이는 빛의 지연(빛으로 인한 시간상의 지연) 때문이다'이다.
① 과학은 이전보다 엄청난 발전을 하였다
② 전 세계는 미래를 예측하기 위해 과거에 대한 조사에 착수하였다
③ 발전했다고 여겨지는 과학은 사실상 과거에 머무르고 있다
④ 과거와 현재의 시간격차를 좁히기 위한 노력을 기울여야 할 것이다

어휘

appear	~처럼 보이다
observation	관찰
roughly	대략
extreme end	극단
in addition to	~이외에도
immediate	가까운, 당면한
afterimage	잔상
time lag	시간상의 지체
reflection	반사, 반영

02
정답 ①

소재 체온이 올라감에 따라 더 빠르게 시간이 흐른다고 느끼는 생체시계

미국의 생리학자인 Hudson Hoagland의 아내가 심각한 독감으로 아프게 되었다. Hoagland 박사는 그가 짧은 시간 동안 아내의 방을 떠날 때마다, 그가 오랫동안 자리를 비웠다고 그녀(아내)가 불평하는 흥미로운 현상을 알아냈다. 과학적 탐구에 대한 흥미로, 그는 자

신의 아내에게 60까지 세어보라고 요청했다. 그녀는 1분이라고 느껴지는 동안 숫자를 세야했고 그동안 그는 그녀의 체온을 기록했다. 그의 아내는 마지못해 이것(실험)을 받아드렸고, 그는 그녀가 열이 나면 날수록 더 빨리 숫자를 센다는 것을 재빨리 알아차렸다. 예를 들어, 그녀의 체온이 섭씨 38도였을 때, 그녀는 45초 안에 숫자를 60까지 세었다. 한 가지 샘플만을 가지고 한 실험이기는 했지만 몇 번 더 실험을 한 후, 그 박사는 우리의 열이 오를수록 머릿속의 일종의 '생체 시계'가 더 빨라지는 가능성이 있을 지도 모른다고 생각했다.

→ Hoagland 박사의 연구 결과는 그의 아내가 체온이 높아짐에 따라, 실제보다 더 많은 시간이 흘렀던 것처럼 느꼈다는 것을 보여주었다.

해설 Hoagland 박사의 연구 결과로 체온이 높아지면 실제보다 시간이 더 많이 흘렀다고 느꼈다는 것이 글의 요지이므로 빈칸 (A)에 는 more(더 많은)와 빈칸 (B)에는 increased(높아짐)가 들어가는 것이 가장 적절하다.
② 더 많은 – 낮아짐 ③ 더 적은 – 유지함
④ 더 적은 – 줄어듦 ⑤ 더 적은 – 변화함

어휘

physiologist	생리학자
severe	심각한
flu	독감
phenomenon	현상
investigation	탐구, 조사
unwilling	마지못해 하는, 꺼리는
accept	받아들이다
pick up	알아채다
internal	내부의

03
정답 ④

소재 큰바다쇠오리의 멸종 과정

북부 바다에서 발견되는 커다란 흑백 바닷새인 Great Auk(큰바다쇠오리)의 이야기보다 더 가혹한 이야기가 없다는 것은 의심의 여지가 없다. 인간은 거의 그것들 모두가 사라질 때까지 그것들의 섬 개체군을 잔인하게 파괴했다. 거세고 예측할 수 없는 해류 덕분에 인간이 도달할 수 없는 특별한 섬이 남아 있었는데, 그곳에서 최후의 마지막 집단이(개체들이) 안전을 발견했다. 그곳의 해류는 사람들이 어떤 종류의 안전한 상륙도 하지 못하게 했다. 몇 년을 비교적 안전하게 지낸 뒤에 다른 종류의 재난이 큰바다쇠오리에게 발생했다. 화산 활동은 그 섬의 피난처가 완전히 바닷속에 가라앉게 했고 살아남은 개체들은 하는 수 없이 다른 곳으로 피난해야 했다. 그것들이 선택한 새로운 섬 서식지에는 하나의 끔찍한 측면에서 옛것의 이점들이 없었다. 인간들이 쉽게 그것(그 섬 서식지)에 접근할 수 있었고, 인간들이 실제로 그렇게 했다! 불과 몇 년 이내에 이 한때 풍부했던 종은 완전히 멸종했다.

→ 큰바다쇠오리는 인간이 도달할 수 없는 섬으로 도망갔지만 결국 인간에 의해 마지막 소수의 개체들이 완전히 사라져버렸다[없어졌다].

해설 큰바다쇠오리가 인간이 도달할 수 없는 섬에서 비교적 안전하게 지냈는데 화산으로 인해 인간이 쉽게 접근할 수 있는 새로운 섬으로 이동한 인간에 의해 멸종이 되었다는 내용의 글이므로 빈칸 (A)에는 unreachable(도달할 수 없는), 빈칸(B)에는 eliminated(사라져버렸다[없어졌다])가 들어가는

것이 가장 적절하다.
① 알려지지 않은 – 양육되었다
② 혼잡한 – 소멸되었다
③ 버려진 – 유지되었다
⑤ 과소평가된 – 변화되었다

어휘

population	개체군
vicious	사나운, 거센
ocean currents	해류
colony	군락, 집단
volcanic	화산의
refuge	피난처
sink	가라앉다
shelter	피난(처)
access	접근하다; 접근
once-plentiful	한때 많았던
extinct	멸종된
flee	도망가다

Vocabulary Review
본문 p.41

1 (1) last　　　(2) vicious　　　(3) intrinsic
　 (4) unwilling　(5) In addition to
2 (1) matter　　(2) access　　　(3) pick up
　 (4) immediate　(5) internal　　(6) perish
　 (7) regulation　(8) colony　　　(9) observation
　 (10) phenomenon

01
(1) 그 통증은 5일간 지속될 것이다.
(2) 그는 사나운 개에게 공격당했다.
(3) 많은 사람들은 금이 어떤 고유한 가치도 가지고 있지 않다고 말한다.
(4) 그들은 그 사업에 돈을 더 투자하기를 꺼린다.
(5) 이 분야에서 내가 가지고 있는 경험 이외에도, 나는 또한 이 일에 필수적인 기술을 가지고 있다.

02
(1) 중요하다　　(2) 접근하다　　(3) 알아채다
(4) 가까운, 당면한　(5) 내부의　　(6) 죽다, 소멸하다
(7) 통제, 규제　　(8) 군락, 집단　　(9) 관찰
(10) 현상

UNIT 06 스포츠, 취미, 여행
본문 p.42

Q
정답 ⑤

소재 수집이 아이들에게 주는 영향

수집을 하는 것은 아이들에게 새로운 세계를 열어줄 수 있다. 예를 들어, 우표를 수집하는 것은 그들(아이들)에게 국경일, 정부의 교체와 같은 한 국가의 문화 또는 역사적 사건을 보여준다. 식물이나 동물 표본은, 아이들에 의해 수집되든 아니든, 자연 세계에 대한 호기심을 불러일으킬 수 있다. 수집을 하는 것은 또한 아이들에게 그들의 일상에서 사용될 수 있는 기술을 배울 기회를 준다. 이러한 기술의 한 가지 좋은 예는 아이들이 인형, 만화책, 스티커 등과 같은 수집품을 가지고 노는 동안에 아이들이 자신들의 보물들을 크기, 모양 또는 색상별로 구성하는 법을 배울 수 있다는 것이다. 이것은 그들이 세상을 다른 관점으로 보는 것을 도와줄 것이다. 그들이 자신들의 조각들(수집품) 간의 관계에 관해 생각할 때, 그들은 세상에 있는 것들이 서로 관련되어 있음을 깨달을 수도 있다.

해설 수집을 통해 아이들은 세상에 대한 호기심을 키우고 여러 가지 기술을 배울 수 있으며 세상을 다른 관점으로 바라보게 된다는 내용으로 수집이 아이들에게 미치는 긍정적인 영향에 관한 글이다. 따라서 이 글의 주제로 가장 적절한 것은 ⑤ '수집의 교육적 효과'이다.
① 수집을 시작하는 방법
② 아이들이 수집을 좋아하는 이유
③ 여가 활동의 중요성
④ 수집품을 보관할 장소

어휘

collect	수집하다
government	정부
specimen	표본
arouse	불러일으키다
curiosity	호기심
opportunity	기회
skill	기술
collection	수집(품)
organize	구성하다
treasure	보물
shape	모양
comic book	만화책
and so on	기타 등등
point of view	관점
relationship	관계
piece	조각, 작품
realize	깨닫다, 실현하다
be connected with	~와 관련이 있다

Reading Check
본문 p.43

1 Collecting　　2 cultural　　3 historical
4 specimens　　5 skills　　6 different
7 organizing

01

정답 ③

소재 이탈리아의 관광명소 Pompeii

Pompeii(폼페이)시는 오늘날 이탈리아 Naples(나폴리) 근처에 위치한 부분적으로 묻혀있는 (고대) 로마의 타운시티(도시)다. Pompeii는 그것의 주변 지역과 함께 서기 79년에 Vesuvius 화산의 오랜 분출 기간 동안 파괴되고 묻혔다. 그 분출은 Pompeii를 4에서 6미터의 화산재와 돌 아래로 묻어버렸고, 1599년 우연한 재발견 전까지 그것(Pompeii)은 1,500년 넘도록 잊혀졌다(사라졌다). 그때 이후로, Pompeii의 거주자들에 대한 많은 증거가 발굴 과정에서 소실되었기는 하지만, 그것의 재발견은 로마 제국의 전성기 때 삶에 대한 상세한 통찰력을 여전히 제공했다. 오늘날 Pompeii는 UNESCO 세계 문화유산이며 매년 약 250만 명의 사람들이 방문하는 이탈리아의 가장 인기 있는 관광 명소 중 하나이다.

해설 ③ 주어(it)가 지칭하는 것은 Pompeii이므로 수동 관계인 was lost로 고쳐야 한다.
① 과거분사 buried를 수식하는 부사 partially는 적절하다.
② 전치사 during 다음에 명사구(a long eruption of ~)가 이어지는 것은 적절하다.
④ Since then과 호응을 이루는 현재완료 시제를 사용한 것은 적절하다.
⑤ 전치사 with의 목적어 people이 visit의 주체가 되므로 현재분사를 사용한 것은 적절하다.

어휘

partially	부분적으로
bury	묻다, 덮다
located	위치한
modern	오늘날의, 현대의
along with	~와 함께
destroy	파괴하다
eruption	분출
volcano	화산
ash	(화산)재
accidental	우연한
rediscovery	재발견
inhabitant	거주자
excavation	발굴
detailed	상세한
insight	통찰력
at the height of	~의 전성기 때에
tourist attractions	관광 명소
approximately	약, 대략

02

정답 ②

소재 인간의 공격성을 재현하는 전투적인 스포츠

우리는 일반적으로 스포츠가 폭력을 줄이는 방법이라고 믿는다. 한 고전적인 연구에서 인류학자 Richard Sipes는 상대방 간의 실제 신체 접촉을 포함한다고 그가 말하는 '전투적인 스포츠'에 중점을 두고, 만약 스포츠가 폭력에 대한 대체물이라면, 어떤 사람은 전투적인 스포츠의 인기와 전투의 빈도와 강도 사이에 부정적인 상관관계를 찾을 것을 기대한다고 가설을 세운다. 다시 말해서, 전투적인 스포츠(예를 들면, 축구, 권투)가 더 많을수록 전투가 일어날 가능성이 더 적다. 20개 사회의 표본을 사용하여 Sipes는 가설을 검증하고 전투적인 스포츠와 폭력 간의 중요한 관계를 발견한다. 그에 따르면, 전투적인 스포츠가 사회에서 더 흔하고, 더 인기가 많을수록, 그 사회는 전쟁에 참여할 가능성이 높다. 그 결과, Sipes는 전투적인 스포츠가 전쟁에 대한 대체물이 아니라 오히려 인간 사회의 동일한 공격적인 충동의 반영이라는 명백한 결론을 도출한다.

해설 스포츠가 인간의 폭력적 성향을 감소시킬 것이라는 일반적인 믿음과는 달리 실제로는 전투적인 스포츠가 흔하고 인기가 많을수록 전쟁에 참여할 가능성이 높아진다는 내용의 글이므로, 글의 제목으로 가장 적절한 것은 ② '전투적인 스포츠는 인간의 공격성을 반영한다'이다.
① 전투적인 스포츠 간에 구별이 있는가?
③ 절대 공격적인 충동이 당신을 소모하게 두지 마라!
④ 국제 분쟁: 새로운 군사 동맹을 만들어 내는 것
⑤ 전투적인 스포츠는 억압받는 사람들 사이에 더 흔하다

어휘

violence	폭력
anthropologist	인류학자
combative	전투적인
contact	접촉
opponent	상대방
hypothesize	가설을 세우다
alternative	대체물
negative	부정적인
correlation	상관관계
frequency	빈도
intensity	강도
warfare	전투, 전쟁
hypothesis	가설
significant	중요한
engage in	~에 참여하다
obvious	명백한
aggressive	공격적인
impulse	충동

03

정답 ①

소재 유무형의 요소를 모두 포함한 관광

관광은 상상의 영역과 물리적 세계의 영역에서 동시에 발생한다. 문학이나 영화와 달리, 관광은 '실제', 유형의 세계로 이어지는데, 반면에 그것(관광)은 그럼에도 불구하고 환상, 꿈 그리고 신화의 요소를 가지고 있어 우리를 신화적 개념인 무형의 세계로 이끈다. 사람들이 텔레비전에서 히말라야에 관한 영화를 보고 '손이 닿지 않은(훼손되지 않은) 자연'에 감동하는지, 또는 네팔로 긴 여행을 하는지에 관해서는 상당한 차이가 있다. 심지어 후자의 경우에도, 그들(사람들)은 적어도 부분적으로는 상상의 세계 안에 머물러 있다. 그들은 집에서 책과 영화에서 이미 보았던 순간을 경험한다. 손이 닿지 않은 자연에 대한 그들의 개념은 아마도 확고해질 것이다. 하지만 이제 이 확고함은 물리적 경험에 기반을 두고 있다. 따라서 신화는 텔레비전, 영화 또는 책보다 훨씬 더 강력한 방식으로 경험된다.

해설 관광은 문학이나 영화와 달리 무형적인 세계뿐만 아니라 유형의 세계에서도 이어지며, 책과 영화를 통한 무형의 경험이 관광을 통한 유형의 경험을 통해 그 내용을 더 확고하게 한다는 내용의 글이다. 주어진 문장은 영화만 본 것과 실제 여행을 하는 것 사이에는 차이가 있다는 내용이므로, 이것을 설명하고 있는 글이 시작되는 부분인 ①에 들어가는 것이 가장 적절하다.

어휘

considerable	상당한
as to	~에 관해
untouched	손이 닿지 않은
go on a trek	긴 여행을 하다
take place	발생하다, 일어나다
simultaneously	동시에
realm	영역
physical	물리적인
tangible	유형의
element	요소
intangible	무형의
mythological	신화적인, 신화의
latter	후자
at least	적어도
imaginary	상상의, 가상의
confirm	확실히 하다
confirmation	확고함
be based on	~에 기반[근거]을 두다

Vocabulary Review   본문 p.47

1 (1) realm   (2) hypothesis   (3) eruptions
   (4) specimens (5) relationship
2 (1) detailed   (2) bury   (3) arouse
   (4) imaginary   (5) combative   (6) accidental
   (7) alternative (8) insight   (9) organize
   (10) opponent

01

(1) 과학의 영역에는 종종 많은 불확실성이 존재한다.
(2) 그러한 가설을 뒷받침할만한 어떠한 과학적 증거도 없다.
(3) 사회적 상호작용은 폭력, 탐욕, 그리고 이기심의 분출에 항상 취약하다.
(4) 그들은 보존된 네안데르탈인 표본의 이에서 조리된 곡물과 식물을 발견했다.
(5) 그 사례는 상품과 서비스 사이의 관계에 대한 본질을 결정하는데 그들이 하는 역할을 보여준다.

02

(1) 상세한   (2) 묻다, 덮다   (3) 불러일으키다
(4) 상상의, 가상의 (5) 전투적인   (6) 우연한
(7) 대체물   (8) 통찰력   (9) 구성하다
(10) 상대방

UNIT 07 음악, 미술, 영화   본문 p.48

Q   정답 ⑤

소재 세상을 보는 새로운 관점

때때로 우리는 우리의 전제가 뒤집히고 바뀔 때 매료된다. 예를 들어, 예술가 Pablo Picasso는 큐비즘을 우리가 세상을 다른 시각으로 볼 수 있도록 돕는 방법으로 사용했다. 그의 유명한 작품 'Three Musicians'를 볼 때, 그가 예상치 못한 방식으로 연주자들을 형상화하기 위해 추상적인 형태를 사용해서 당신은 어떤 것도 이치에 맞지 않다고 생각한다. 그러나 두 번째 그림을 볼 때, 작품 속의 인물들이 하나로 합쳐진다. Picasso의 작품은 어떻게 공간과 사물들이 사용되는지에 대한 당신의 전제에 도전한다. 그의 예술 작품은 당신이 세상을 다른 관점에서 볼 수 있도록 도와주며, 당신에게 모양, 사물 그리고 색깔이 다른(대안적인) 방식으로 사용될 수 있음을 상기시켜준다. 그 그림을 봄으로써, 당신은 이전에는 결코 경험하지 못한 내적인 즐거움을 얻을 수 있다.

해설 Picasso의 작품을 통해 처음에는 이치에 맞지 않는다고 생각하지만, 큐비즘을 통해 결국 세상을 다르게 보게 되고 우리의 전제가 뒤집히는 것에 매료되어 내적 즐거움을 얻는다는 것이 주된 내용이다. 따라서 글의 주제로 가장 적절한 것은 ⑤ '세상을 다른 각도에서 바라봄으로써 유발되는 내적인 즐거움'이다.
① 현실과 환상의 균형을 이룸으로써 형성되는 추상적인 방식
② 문화기관과 협력함으로써 조직되는 예술가들의 조합
③ 현대 세계에서 음악가들에 의해 경험되는 큰 도전
④ 입체파 예술 작품들을 감상함으로써 향상되는 정서 지능

어휘

fascinated	매료된
assumption	전제, 가정
inside out	뒤집어
Cubism	큐비즘, 입체파
light	시각, 견해
abstract	추상적인
form	형태
shape	형상화하다
unexpected	예상치 못한
make sense	이치에 맞다
figure	인물, 형태
artwork	(예술) 작품
challenge	도전하다
object	사물
remind	상기시키다
alternative	다른, 대안적인
intrinsic	내적인, 본질적인

Reading Check   본문 p.49

1 Cubism   2 abstract   3 figures
4 perspective 5 challenging   6 experienced

01 정답 ①

소재 음악에 대한 견해

단순히 학습된 연관성을 통해, 음악은 감정을 표현할 수 있다. 아마도 단조나 낮은 음으로 천천히 연주되는 한 음악 작품에 대하여 본질적으로 슬플 것이 아무것도 없을 것이다. 어쩌면 우리가 어떤 종류의 음악을 슬프다고 듣게 되는 이유는 우리가 우리 문화에서 그것들을 장례식과 같은 슬픈 사건과 연관시키는 법을 학습했기 때문일 것이다. 만약 이 관점이 옳다면, 우리는 문화적으로 친숙하지 않은 음악에 표현된 감정을 해석하는 데 어려움을 겪어야 할 것이다. 이에 반해, 음악과 감정 사이의 연결고리에서 유사성을 찾는 견해가 있다. 예를 들어, 우리는 슬프다고 느낄 때 느리게 움직이고, 낮은 목소리로 느리게 말한다. 따라서 우리가 느리고 낮은 음악을 들을 때, 우리는 그것을 슬프게 듣는다. 만약 이 관점이 옳다면, 우리는 문화적으로 친숙하지 않은 음악에 표현된 감정을 이해하는 데 어려움이 거의 없을 것이다.

→ 음악에 표현된 감정은 <u>문화적으로</u> 학습된 연관성을 통해서, 혹은 음악과 감정 사이의 <u>유사성</u> 때문에 이해될 수 있다고 믿어진다.

해설 어떤 종류의 음악을 슬프다고 듣게 되는 것은 우리의 문화 속에서 슬픈 일과 음악을 연결시켜 학습했기 때문이라는 견해와, 슬프다고 느낄 때 느리게 움직이고 낮은 목소리로 느리게 말하는 것처럼 음악과 감정 사이의 연결고리를 유사함이라고 보는 견해가 있다는 내용의 글이다. 따라서 요약문의 빈칸 (A), (B)에 각각 들어갈 말로 가장 적절한 것은 ① 문화적으로(culturally) – 유사성(similarity)이다.
② 문화적으로 – 균형 ③ 사회적으로 – 차이
④ 부정확하게 – 연결 ⑤ 부정확하게 – 대조

어휘

association	연상, 연관성
inherently	본질적으로
minor key	단조
note	음, 음조
associate	연관시키다
funeral	장례식
have difficulty -ing	~하는데 어려움을 겪다
interpret	해석하다
unfamiliar	친숙하지 않은
resemblance	유사성
link	연결고리
low-pitched	낮은 음역의

02 정답 ⑤

소재 색을 제한적으로 사용하는 화가들

이론적으로 화가들은 그들이 이용할 수 있는 무한한 범위의 색을 가지는데, 특히 현대에 들어서 합성 화학에 관한 유채색의 폭발적인 증가로 그렇다. 그러나 화가들은 한 번에 모든 색상을 사용하지 않으며, 실제로 그들 중 많은 화가들은 눈에 띄게 제한적인 선택을 사용했다. Mondrian은 자신의 검정색 선이 그려진 격자무늬를 채우기 위해 주로 삼원색인 빨강, 노랑, 파랑으로 자신을 제한했고, Kasimir Malevich도 유사한 스스로 부과한 제한을 가지고 작업했다. Yves

---

Klein에 있어서는 한 가지 색이면 충분했다. 여기에는 새로운 것이 아무것도 없었는데 왜냐하면 그리스와 로마인들도 빨강, 노랑, 검정, 흰색만을 사용하는 경향이 있었기 때문이다. 왜 그랬을까? 일반화하는 것은 불가능하지만, 고대와 현대에서 둘 다 확장된(→ 제한된) 색이 명확성과 이해 가능성을 촉진하고 중요한 구성 요소인 모양과 형태에 주의를 집중할 수 있도록 도움을 주었을 것 같다.

해설 이론적으로 화가들은 무제한적으로 색을 사용할 수 있지만, 많은 화가들이 스스로 색을 제한적으로 선택하여 사용한 것은 모양과 형태에 주의를 집중할 수 있도록 도움을 주었기 때문이라고 하였으므로, ⑤ expanded(확장된)를 limited(제한된)와 같은 단어로 바꿔야 한다.

어휘

theoretically	이론적으로
endless	무한한, 끝없는
range	범위
available	이용 가능한
explosion	폭발
synthetic	합성의
indeed	실제로
remarkably	눈에 띄게
restrictive	제한적인
three primary colors	삼원색
black-ruled	검정색 선이 있는
self-imposed	스스로 부과한
generalize	일반화하다
modernity	현대
↔ antiquity	고대
promote	촉진하다
clarity	명확성
component	요소
comprehensibility	이해 가능성

03 정답 ⑤

소재 타인의 음악의 일부를 재사용한 이유

유럽 음악의 고전 시대에 사람들은 많은 음악적 자료를 사실상의 공유물이라고 여겼다. Antonio Vivaldi가 베네치아에서 그의 오페라 Rosmira fedele을 공연했을 때, 그 악보는 Vivaldi 자신의 아이디어뿐만 아니라 다른 작곡가들의 아이디어도 가지고 있었다. 음악의 일부를 다시 쓰는 것과 관해서, 어떻게 오늘날의 작곡가들이 많은 이유로 인해 그렇게 하지 못하게 되는지 관찰할 필요가 있다. 한 가지 실질적인 이유는 각각의 새로운 작품이 악보나 오디오 파일로 계속 사용 가능한 상태를 틀림없이 유지할 거라는 것이다. 대조적으로, 18세기에는, 일단 새로운 한 곡의 연주가 끝나면, 그것을 다시 듣는 것이 거의 불가능해졌다. 그러한 상황에서 기존에 작곡된 음악을 다시 이용하는 것이 그것을 더 오래가게 하는 유일한 방법이었다. 그리고 만약 새로운 작품들이 또한 다른 작곡가의 아이디어를 포함한다면, 그것은 사람들이 듣고 싶어 하는 선율과 화음 패턴의 순환을 증가시킴으로써 유럽 음악의 전통을 강화할 것이다.

해설 유럽 음악의 고전 시대에 작곡가들이 다른 작곡가들의 음악의 일부를 자신의 곡에 포함시킨 이유를 설명하고 있는 글이다. 주어진 문장에서 언급한 such circumstances(그러한 상황)에서는 기존에 작곡된 음악을 재사용하는 것이 음악을 더 오래가게 하는 유일한 방법이라고 하였으므로, 음악이 오래가지 못하는 상황이 언급된 문장 다음인 ⑤에 들어가는 것이 가장 적절하다.

어휘

circumstance	상황
recycle	재활용하다
previously	이전에
durable	오래가는
material	자료
common property	공유물
score	악보
composer	작곡가
as far as ~ be concerned	~에 관한 한
observe	관찰하다
keep ... from -ing	...가 ~하는 것을 막다
practical	실질적인
be sure to 동사원형	틀림없이 ~하다
contain	포함하다
reinforce	강화하다
circulation	순환
harmonic	화성의

Vocabulary Review
본문 p.53

1 (1) score (2) circulation (3) assumptions

(4) explosion (5) associate

2 (1) interpret (2) restrictive (3) remind

(4) promote (5) component (6) durable

(7) reinforce (8) clarity (9) abstract

(10) association

01

(1) Igor Stravinsky는 자신의 발레 'Apollo Musagetes'에서 6개 부분의 악보를 썼다.

(2) 약간의 공기 순환의 필요성은 습기의 관리와 관련이 있다.

(3) 만약 당신이 올바른 논리와 타당한 전제를 사용한다면 당신은 올바른 결론에 도달할 것이다

(4) 유럽에서의 과학적 창의성의 거대한 폭발은 정보의 확산에 의해 도움을 받았다.

(5) 학습자들은 새로운 단어와 모국어에서 비슷한 소리를 지닌 키워드(핵심어)를 연관시킨다.

02

(1) 해석하다 (2) 제한적인 (3) 상기시키다

(4) 촉진하다 (5) 요소 (6) 오래가는

(7) 강화하다 (8) 명확성 (9) 연상, 연관성

(10) 추상적인

UNIT 08 사진, 공예, 건축
본문 p.54

Q
정답 ⑤

소재 현대 건물에서 유리의 용도

유리가 없는 현대 도시를 상상하기란 불가능하다. 한편으로 우리는 우리의 건물이 날씨로부터 우리를 보호하기를 기대하는데 결국 이것이 그것들(건물)이 있는 이유이다. (C) 그럼에도 불구하고 장래의 새로운 집이나 직장과 마주하게 되면, 사람들이 묻는 첫 번째 질문 중 하나는 '자연광이 거기에 얼마나 들어오는가?'이다. (B) 현대 도시에서 매일 솟아오르는 유리 건물은 이러한 상충하는 욕구인 날씨의 다양한 유형으로부터 즉시 보호를 받는 것, 침입으로부터 안전한 것, 하지만 어둠 속에서 살지 않는 것에 대한 공학적 해답이다. (A) 우리가 대부분의 시간을 실내에서 보내는 삶은 유리에 의해 밝아지고 즐거워진다. 유리 창문은 우리가 영업 중이며 그 사업은 정직하며 개방되어 있을 것을 의미하게 된다. 즉, 가게 유리가 없는 가게는 본질적으로 전혀 가게가 아니다.

해설 날씨로부터 우리를 보호하는 것이 건물이 있는 이유라는 주어진 글 다음에, 그럼에도 자연광이 건물에 얼마나 들어오는 지를 묻는다는 내용인 (C)가 온 후, 현대 도시의 유리 건물이 이런 상충하는 욕구에 대한 공학적 해답이라는 내용의 (B)가 이어지고, 우리는 유리에 의해 영향을 받고 가게 유리 창문에 관한 의미를 이야기하는 (A)가 이어지는 것이 글의 순서로 가장 적절하다.

어휘

protect	보호하다
what ~ for	~하는 이유
delightful	즐거운
signify	의미하다
namely	즉, 다시 말하면
essentially	본질적으로
rise	솟아오르다, 떠오르다
engineering	공학적인
conflicting	상충하는
at once	즉시, 동시에
shelter	보호하다
secure	안전한
intrusion	침입
prospective	장래의, 유망한
natural light	자연광

Reading Check
본문 p.55

1 glass **2** conflicting **3** sheltered

4 secure **5** light **6** delightful

7 shop, window

주제별 연습문제
정답 01 ③ 02 ⑤ 03 ② 본문 p.56

01
정답 ③

소재 일종의 공예로 시작된 현대의 순수 예술

우리의 문화는 순수 예술 — 즐거움 외에는 어떤 기능도 가지고 있지 않은 그러한 창조적 생산물 — 쪽으로 편향되어 있다. 공예품은 덜 가치가 있다; 왜냐하면 일상의 기능을 제공하기 때문에 그것들(공예품)은 순전히 창의적이지 않다. 하지만 이러한 구분은 문화적으로 그리고 역사적으로 상대적이다. 대부분 현대의 고급 예술(순수 예술)은 일종의 공예로 시작되었다. 우리가 지금 "고전 음악"이라고 부르는 것의 작곡과 연주는 가톨릭 미사에서 요구되는 기능 또는 왕실 후원자의 특정한 환대 요구를 무시하는(→ 충족시키는) 공예 음악의 형태로 시작되었다. 예를 들면, 실내악은 정말로 방들 — 부유한 가정들 안에 있는 작고 친밀한 방들 — 에서 종종 배경음악으로 연주되도록 설계되었다. Bach에서 Chopin에 이르는 유명한 작곡가들에 의해 작곡된 춤곡(무도곡)은 정말 처음에는 춤을 동반했다. 하지만 오늘날, 그것들(춤곡)이 작곡되어진 맥락과 기능들이 사라진 채로, 우리는 이러한 작품들을 순수 예술로 듣는다.

해설 우리의 문화는 순수 예술로 편향되어 있고 대부분 현대의 고급 예술은 일종의 공예로써 시작했다는 내용의 글로 고전 음악은 환대 요구를 충족시키는 공예 음악의 형태로 시작했다고 하는 것이 흐름상 자연스럽다. 따라서 ③의 ignoring(무시하는)을 satisfying(충족시키는)와 같은 단어로 고쳐야 한다.

어휘

biased	편향된
fine art	순수 예술
function	기능
serve	제공하다
purely	순전히, 전적으로
division	구분
relative	상대적인
contemporary	현대의
composition	작곡
specific	구체적인
royal	왕실의
chamber music	실내악
intimate	친근한
accompany	동반하다
context	맥락, 상황

02
정답 ⑤

소재 아이 눈높이에 맞춰 사진을 찍어야 하는 이유

가족에게 아이의 출생은 종종 사람들이 사진 촬영을 배우거나 재발견하기 시작하는 이유이다. 많은 방식에서, 아이의 사진을 찍는 것은 어떤 다른 사람의 사진을 찍는 것과 거의 다르지 않다. 그러나 그것을 다르게 만드는 것은 다 어린 아이와 어른 사이의 상대적 신장(높이)다. 카메라를 당신 자신의 머리 높이에서 사용하는 것은 어른을 사진 찍기 위해서는 상당히 효과가 있지만, 아이에게는 카메라가 아래로 기울어져 있을 것이다. 당신은 글자 그대로 그리고 비유적으로 아이를 내려다보고 있고, 그 결과로 생긴 사진은 대부분의 부모들이 원하는 것보다 그 아이를 더 작고 덜 중요하게 보이게 할 수 있다. 카메라가 기울어지는 것 대신에 아이의 시선과 같은 높이에서 사진을 찍을 때 좀 더 자연스럽게 보이는 인물 사진을 얻는 것이 가능하다. 8살 아이를 위해서, 이것은 사진을 찍을 때 앉는 것을 의미할 수도 있고; 기어 다니는 아기를 위해서, 가장 좋은 방법은 바닥에 눕는 것일지도 모른다.

해설 카메라가 기울어지는 것 대신에 아이의 눈높이와 같은 높이에서 사진을 찍을 때 좀 더 자연스럽게 보이는 인물 사진을 얻을 수 있다는 주어진 문장은 성인을 찍을 때는 자신의 머리 높이에서 찍어도 되지만 아이들을 찍을 때도 같은 높이라면 카메라를 기울여야 한다는 내용 다음인 ⑤에 들어가는 것이 가장 적절하다.

어휘

acquire	얻다, 습득하다
portrait	인물 사진
shoot	찍다, 촬영하다
eyeline	시선
in place of	~대신에
tilt	기울다, 기울이다
take up	~을 배우다, 시작하다
photograph	~의 사진을 찍다
relative	상대적인
height	신장, 높이
work	효과가 있다
literally	문자 그대로
metaphorically	비유적으로
resulting	결과로 생긴
crawling	기어 다니는
method	방법

03
정답 ②

소재 사람들의 경험을 통한 건물의 기능인식 및 의미부여

일정한 시간을 거쳐 오면서 사회적, 법적, 종교적이고 다른 의식들이 제공된 건물들은 우리가 나중에 인식하고 그 건물들의 기능과 연관시키게 되는 형태로 발전했다. 이것은 양방향의 과정이다; 건물은 상징적인 장소뿐만 아니라 기차로 여행을 한다거나 극장에 가는 것과 같은 특별한 사회적인 의식을 위한 물리적인 환경과 장소를 제공한다. 건물의 의미는 경험에 의해서 발전하고 확립되고 차례로 우리는 우리의 경험을 건물로 해석한다. 건물은 이러한 투사된 경험을 통해서 우리 마음속에 공감할 수 있는 반응을 불러일으키며, 이러한 반응의 강도는 우리의 문화, 믿음, 그리고 기대에 의해 결정된다. 그것(건물)의 형태와 공간 구성은 우리에게 어떻게 그것들이 사용되어야 하는 지에 대한 암시를 주기 때문에 그것들(건물)은 이야기를 전한다. 그것들(건물)의 물리적 배치는 어떤 사용을 권장하고 다른 사용들을 억제한다; 우리는 특별히 초대받지 않는다면 극장의 무대 뒤로 가지 않는다.

해설 사람은 경험을 통해 어떤 건물의 기능을 인식하고 그 건물에 어떤 의미를 결부시키게 된다는 내용의 글이므로 ② to recognize and associate with those buildings' function(인식하고 그 건물들의 기능과 연관시키게)이 빈칸에 들어갈 말로 가장 적절하다.
① 확인하고 새로운 건축 경향과 관련시키게
③ 다문화 간 상호 작용을 반영하여 정의하고 다듬게
④ 사용하고 우리 환경의 필수적인 부분으로 변경하게
⑤ 그것들의 의미를 없애기 위해 변형하고 발전시키게

어휘

legal	법적인
religious	종교적인
ritual	의식

evolve 발전하다, 진화하다
subsequently 나중에
setting 장소, 환경
symbolic 상징적인
establish 확립[설립]하다
in turn 차례로, 결국
evoke 불러일으키다
reaction 반응
projected 투사된, 투영된
intensity 강도, 강함
spatial 공간의
layout 배치
restrain 억제하다
identify 확인하다, 식별하다
refine 정제하다, 다듬다

Vocabulary Review

본문 p.59

1 (1) reaction (2) signifies (3) function
(4) acquire (5) intimate

2 (1) evoke (2) contemporary (3) prospective
(4) restrain (5) secure (6) tilt
(7) intensity (8) relative (9) accompany
(10) method

01

(1) 그 소식은 충격적이었지만 그녀의 반응은 너무나 침착했다.
(2) 이 국제 평화 협정은 전쟁의 끝을 의미한다.
(3) 계산기는 수학 문제를 푸는데 있어서 중요한 기능을 한다.
(4) 운전 면허증이 있었기 때문에, 나는 최고 운전자로서의 평판을 얻을 수 있었다.
(5) 고용주와 직원 사이에 친밀한 관계를 가지는 것은 필요하다.

02

(1) 불러일으키다 (2) 현대의 (3) 장래의, 유망한
(4) 억제하다 (5) 안전한 (6) 기울다, 기울이다
(7) 강도, 강함 (8) 상대적인 (9) 동반하다
(10) 방법

UNIT 09 교육, 학교, 진로

본문 p.60

Q

정답 ②

소재 체육 수업을 통한 학생들의 수학과 읽기 점수 향상

Naperville 고등학교에서 수학과 읽기로 고군분투하는 학생들은 먼저 체육 수업을 받으러 간다. "우리가 이곳에서 하고자 하는 것은 그들(학생들)의 두뇌를 시작하게 하는 것입니다."라고 체육 교사 Paul은 말한다. 체육이 바로 그 날의 첫 수업이다. 과학자들은 운동이 이상적인 두뇌 강화제(두뇌를 강화시키는 것)라고 말한다; 복잡한 운

동이 사고를 자극한다. Charles Hillman 박사의 연구는 러닝머신에서 30분의 시간을 보낸 후 학생들이 실제로 문제 해결을 10%까지 더 잘한다는 것을 보여 준다. "운동은 집중력, 정보 처리와 인지적 과제의 수행에 좋다"고 Hillman이 말한다. 읽기 점수는 Naperville에서 거의 두 배 올랐다. 수학 점수는 20%까지 올랐다. 그들(학생들)이 돈을 절약할 수 있게 많은 학교에서 체육 프로그램을 줄이는 시대에 Naperville은 아이들을 움직이게 하는 새로운 활동들을 찾고 있다.

해설 학생들의 수학과 읽기 점수를 체육 수업을 통해 향상시킨 학교에 관한 내용이므로, 이 글의 제목으로 가장 적절한 것은 ② '체육 교육이 학교를 변화시킨 방법'이다.
① 그룹 운동을 시작하기에 적합한 나이
③ 인지 능력을 위해 읽기와 수학이 중요한 이유
④ 미래를 위한 투자로서의 학교 자금 조달
⑤ 두뇌 능력과 운동 능력 간의 관계

어휘
struggle 고군분투하다, 애쓰다
jump start 시작하다
the very 바로 그
complicated 복잡한
movement 운동, 움직임
stimulate 자극하다
treadmill 러닝머신
attention 집중력, 주의
processing 처리
cognitive 인지적인
task 과제
double 두 배가 되다
era 시대
fundraising 자금 조달
transform 변화시키다

Reading Check

본문 p.61

1 struggle 2 perfect 3 stimulates
4 problem, solving 5 activities
6 moving

주제별 연습문제

정답 01 ④ 02 ⑤ 03 ④ 본문 p.62

01

정답 ④

소재 학교 활동 참여의 장점: 사람들과의 관계 형성

일반적으로 학교에서 학생들은 다양한 활동을 경험할 수 있다. 그들은 매우 많은 좋은 이유로 클럽(동호회)에 가입하고 학교 활동에 참여한다. 그들은 자신들이 추구하고 싶은 관심사와 발전시키고 싶은 기술을 가지고 있다. 때때로, 특히 고등학교에서, 학생들은 과외 활동에 참여하는데 왜냐하면 그것이 대학 지원서나 이력서에 좋아 보이기 때문이다. 그러나 모든 학교 활동에 거의 참여하는 근본적인 이유는 다른 사람들과 관계를 맺기 위해서이다. 당신과 다를지도 모르는 새로운 사람들과 만나는 것은 재미있고, 그것은 당신이 관심사를 나눈다면 쉽다. 당신의 가까운 사회적 집단 속에 있지 않은 사람들과 사귀는 것은 특히 재미있을 수 있다. 그렇게 함으로써, 사람들은 폭

넓은 인간관계를 형성할 수 있고 많은 다른 분야도 경험할 수 있다.

해설 학생들은 근본적으로 폭넓은 인간관계를 형성하고 다른 분야를 경험하기 위해 클럽에 가입하고 학교 활동에 참여한다는 내용의 글이다. 그러므로 다음 글의 빈칸에 들어가는 것이 가장 적절한 것은 ④ make connections with others(다른 사람들과 관계를 맺다)이다.
① 직업을 준비하다　　② 오래된 습관들을 바꾸다
③ 좋은 몸매를 가지다　⑤ 학업적인 경험을 넓히다

어휘

in general	일반적으로
take part in	참가하다
a number of	많은
pursue	추구하다
from time to time	때때로
especially	특히
participate in	참가하다
extracurricular	과외의
application	지원(서)
résumé	이력서
underlying	근본적인
share	나누다
immediate	가까운, 즉각적인
circle	집단
form	형성하다
a wide range of	폭넓은
go through	경험하다, 겪다
broaden	넓히다

02
정답 ⑤

소재 은어가 파악하기 어려운 이유

은어는 언어학자들이 파악하기가 사실 꽤 어렵다. 당신은 학교나 마을에서 사용하는 지역 은어가 있을 것이고, 네가 그것(지역 은어)이 무엇인지를 나에게 말해 주지 않으면 나는 그것에 대해 알 방법조차 없다. 사실상, 당신의 지역에서 당신은 몇 가지 다른 종류의 은어를 아마 가지고 있을 것이다. 초등학교에서 아이들이 사용하는 은어는 중등학교에서 사용되는 것과 다를 가능성이 있다. 만약 당신의 마을에 여러 학교가 있다면, 각각의 학교에서 들리는 은어의 종류에 종종 차이점이 있다. 게다가, 단 한 학교 내에서 다르게 사용되는 어휘가 심지어 있을 수도 있다. 나는 이전에 고등학교 졸업반 학생들의 한 집단과 일했고 그들은 자신들의 학교에서 사용되는 은어를 주의 깊게 들었다. 그들은 1학년 학생들에 의해서 사용되는 은어가 그들 자신의 것과 매우 다르다는 것을 발견했다.

해설 자신이 졸업반 학생들과 함께 일할 때 졸업반 학생들이 학교에서 사용하는 은어를 주의 깊게 들은 후, 1학년 학생들이 사용하는 은어가 졸업반 학생들의 것과 다르다는 것을 알았다는 내용으로 이어지는 것이 자연스럽다. '자신들의 것'은 졸업반 학생의 은어를 말하므로, 주어진 문장은 ⑤에 들어가는 것이 가장 적절하다.

어휘

senior school	(영국의) 고등학교
slang	은어, 속어
linguist	언어학자
find out (about)	파악하다, 알아내다

local	지역의, 현지의
area	지역, 구역
several	몇몇의, 몇 가지
sort of	종류의 (= kind of)
primary school	초등학교
secondary school	중등학교, 중학교
difference	차이(점)
each	각각의
besides	게다가
single	단 하나의, 단일의
own	자신의 것; 자신의

03
정답 ④

소재 현실에 안주하지 않고 새로운 영역에 도전해야 하는 지도자

'2015 Fortune지 선정 가장 영향력이 큰 여성들의 회담'에서 Ginni Rometty는 이러한 조언을 했다: "언제 여러분의 인생에서 가장 많은 것을 배웠습니까? 어떤 경험이었습니까? 저는 당신이 위험을 느꼈을 때라고 나에게 말할 거라고 확신합니다. 더 훌륭한 지도자가 되기 위해서, 당신은 자신의 안전지대를 벗어나서 독립해야 한다. 당신은 일을 하는 전통적인 방법에 이의를 제기하고 혁신할 수 있는 기회를 찾아야 한다. 지도력을 발휘하는 것은 당신이 조직의 현재 상황에 도전하는 것을 기대하고 당신이 내적인 현재 상황에 도전하는 것도 요구한다. 당신은 현재 경험의 경계선을 넘어서 위험을 무릅써야 하고 새로운 영역을 탐험해야 한다. 그곳은 개선하고 혁신하며 실험하고 성장할 수 있는 기회가 있는 장소이다. 성장은 항상 가장자리, 곧 현재 당신이 있는 곳의 경계선 바로 바깥에 있다.

해설 지도자는 현실에 안주하지 말고 새로운 영역으로 모험하는 태도를 가져야 한다는 내용의 글이므로 필자가 주장하는 바로 가장 적절한 것은 ④이다.

어휘

summit	회담
advice	충고
be sure	확신하다
feel at risk	위험을 느끼다
comfort zone	안전지대
independent	독립적인
conventional	전통적인, 관례적인
opportunity	기회
innovate	혁신시키다
challenge	도전하다, 이의를 제기하다
organizational	조직의, 단체의
require	요구하다
internal	내적인, 내부의
venture	위험을 무릅쓰다
boundary	경계(선)
current	현재의
territory	영역, 영토
edge	가장자리, 모서리

Vocabulary Review
본문 p.65

1 (1) summit   (2) venture   (3) slang

    (4) immediate   (5) stimulate

2 (1) single   (2) struggle   (3) innovate

    (4) pursue   (5) cognitive   (6) form

    (7) organizational   (8) broaden   (9) local

    (10) era

01

(1) 우리는 남북정상회담을 TV로 시청했다.

(2) 그는 비트코인 분야에 위험을 무릅쓰고 투자하고 있다.

(3) 사람들은 외국어를 배울 때 일반적으로 은어를 먼저 배운다.

(4) 우리는 즉각적인 피드백이 많을수록 우리는 더 성공적일 수 있다.

(5) 나는 감정을 자극하기 위해 학생에게 부정적인 말을 사용했다.

02

(1) 단 하나의, 단일의   (2) 고군분투하다, 애쓰다

(3) 혁신시키다   (4) 추구하다   (5) 인지적인

(6) 형성하다   (7) 조직의, 단체의   (8) 넓히다

(9) 지역의, 현지의   (10) 시대

UNIT 10 언어, 문학
본문 p.66

Q
정답 ⑤

소재 함축된 표현이 주를 이루는 문학 작품

문학 작품은 본질적으로 설명하기보다는 암시하는데, 그것(문학 작품)들은 자신의 주장에 대해 명확하고 직접적으로 말하기보다는 함축한다. (C) 하지만, 이러한 광범위한 일반화가 문학 작품이 직접적인 진술을 배제한다는 것을 의미하지는 않는다. 언제, 누구에 의해 그들이 쓰여 졌는지에 따라, 문학 작품은 암시와 함축(의 양)보다 더 많은 양의 직접적인 말하기를 포함할 수도 있다. (B) 그러나 보여주기와 말하기의 비율에 관계없이, 독자들이 해석할 무언가가 항상 남아 있다. 따라서 우리는 문학적 해석에 접근하는 방법으로써, 그리고 문학의 함축에 대해 생각하기 시작하는 방법으로 그 글이 무엇을 암시하는지 물어야 한다. (A) 글이 함축하는 것은 종종 우리에게 큰 흥미를 준다. 그리고 글의 함축을 알아내는 우리의 작업은 우리의 분석적 능력을 시험한다. 글이 무엇을 암시하는지를 고려하는 과정에서 우리는 글을 이해하는 기량을 얻게 된다.

해설 문학 작품은 설명보다는 함축을 한다는 내용의 주어진 문장 다음에, 이것이 직접적 진술을 배제한다는 것이 아니라는 내용을 역접으로 연결하고 있는 (C)가 이어지고, 함축과 직접적 진술의 비율과 관계없이 독자는 그 글이 무엇을 암시하는지 물어야한다는 내용의 (B)가 오고, 글의 함축을 알아내는 것의 의미를 서술하는 (A)가 오는 것이 흐름상 가장 적절하다.

어휘

literary	문학의
in essence	본질적으로
suggest	암시하다
imply	함축하다
claim	주장; 주장하다
directly	직접적으로
figure out	알아내다
analytical	분석적인
regardless of	~와 관계없이
proportion	비율
interpret	해석하다
approach	~에 접근하다
generalization	일반화
exclude	배제하다
statement	진술
contain	포함하다
suggestion	암시
implication	함축
make sense of	~을 이해하다

Reading Check
본문 p.67

1 suggest   2 directly   3 statements

4 implications   5 interpret   6 analytical

주제별 연습문제   정답 01 ⑤ 02 ③ 03 ①
본문 p.68

01
정답 ⑤

소재 언어의 발달에 대한 경제적 이유

많은 진화 생물학자들은 인간이 경제적인 이유로 언어를 발달시켰다고 주장한다. 고대 원시 사회에서부터, 우리는 거래할 필요가 있었고, 거래하기 위해서 신뢰를 확립할 필요가 있었다. 당신이 누군가와 거래를 하려고 노력할 때, 언어는 매우 편리하다. 초창기의 두 인간은 세 개의 나무로 만든 그릇을 여섯 다발의 바나나와 거래하기로 동의할 수 있었을 뿐만 아니라 규칙도 정할 수 있었다. 그릇에 무슨 나무를 사용했나? 어디에서 그 바나나를 얻게 되었나? 몸짓과 혼란스러운 소음만을 사용해서는 그 상업 거래가 거의 불가능했을 것인데, 합의된 조건에 따라서 그것을 실행하는 것이 신뢰라는 결속을 만들었다. 만약 그렇다면, 어떻게 그들은 합의에 이를 수 있었을까? 언어다. 언어는 구체적인 것을 표현함으로써 우리가 합의에 이르게 하고, 이곳이 대화가 중요한 역할을 하는 지점이다.

해설 원시사회부터 거래를 해야만 했던 인간에게 있어 언어는 거래를 편리하게 하고, 구체적인 세부사항을 합의할 수 있게 하여 신뢰라는 결속을 만들어 주었다는 것이 글의 주된 내용이므로, 빈칸에 들어갈 말로 가장 적절한 것은 ⑤ developed language for economic reasons(경제적인 이유로 언어를 발달시켰다)이다.

① 의사소통을 위해 몸짓 언어를 사용했다

② 본능적으로 누구를 의지해야 할지 알았다

③ 자신들의 필요를 위해 종종 규칙을 바꿨다

④ 자신들의 생존을 위해 독립적으로 살았다

evolutionary	진화의
economic	경제적인
primitive	원시적인
trade	거래하다
establish	확립하다
convenient	편리한
conduct	(특정 활동을) 하다
bunch	다발
deal	거래
carry out	실행하다
terms	조건
bond	결속
agreement	합의, 동의
consensus	합의, 일치
specific	구체적인

02

정답 ③

소재 비판적 읽기의 장점

비판적 읽기는 당신이 문학을 대단히 깊이 있고 다양한 관점에서 볼 수 있도록 할 읽기의 한 방법이다. 그것은 타고난 것이 아니라 당신이 약간의 지식과 경험으로 발전시킬 학습되는 기술이다. 당신은 어떤 사람들이 다독을 한다고 언급되는 것을 들었을 지도 모르는데, 그것은 많은 다른 책들과 다른 형식의 문학 작품을 읽었다는 것을 의미한다. 그러나 다독하는 것과 잘 읽는 방법을 안다는 것 간에는 차이가 있다. 그것은 중요한 것은 양이 아니라 질이라는 것을 의미한다. 비판적으로 읽는다는 것은 분석적으로 읽는다는 것을 의미하는데, 이것은 당신 앞에 있는 글로 쓰인 자료에 관해 당신이 질문하고 생각할 것을 요구한다. 당신이 무엇인가를 질문할 때, 그것은 대개 당신이 해답을 찾게 하고 이러한 해답들은 당신에게 저자의 의도에 대한 통찰력을 줄 것이다.

해설 다독과 잘 읽는 방법에는 차이가 있다는 내용의 주어진 문장 다음에는 둘 사이의 차이에 대한 내용이 언급되어야 하므로, 다독에 대한 문장과 글을 잘 읽는 것이 서술되는 문장 사이에 위치하는 것이 적절하다. 따라서 중요한 것은 독서의 질이라는 내용이 나오는 문장 앞인 ③에 들어가는 것이 가장 적절하다.

어휘

well-read	많이 읽는, 다독의
critical	비판적인
in great depth	대단히 깊이
perspective	관점, 시각
inborn	타고난
knowledge	지식
refer to A as B	A를 B라 언급하다
form	형식
quantity	양
quality	질
matter	중요하다
analytically	분석적으로
in front of	~앞에
insight	통찰력
intention	의도

03

정답 ①

소재 언어와 생각의 구조적 유사성에 관한 착각

우리가 우리의 생각을 언어로 표현하고 나타낸다고 말하는 것은 옳지만, 나타나고 있는 것(언어)과 나타내진 것(생각) 사이에 구조적 유사성이 있다고 가정하는 것은 큰 실수일 수 있다. Robert Stalnaker는 '숫자들'의 표현으로 한 가지 비유를 제시한다. 숫자 9는 '12-3'으로 나타내질 수 있지만, 그것이 12, 3, 또는 '빼기'가 숫자 9의 구성 요소라고 말하는 것은 아니다. 마찬가지로, 어떤 생각은 특정한 언어적 구조를 가진 말로 표현될 수도 있다. 그러나 그것은 사고 자체가 그러한 구조를 가지고 있다는 것을 의미하는 것이 아니다. 예를 들어, 내가 과일 그릇을 보고 그 그릇 안에 사과와 오렌지가 있다고 생각한다고 가정해 보라. 내가 보는 것은 몇 개의 과일과 그릇 하나를 포함하지만, '~와'라는 단어에 상응하는 물체도 세계나 나의 시각적 이미지에 존재하지 않는다.

해설 생각은 언어라는 표현 수단을 이용해 표현되지만, 둘 사이에 구조적 유사성이 있는 것은 아니며, 마찬가지로 특정 언어 구조를 지닌 진술로 생각을 표현했다고 해서 생각도 그 언어와 유사한 구조로 되어 있는 것은 아니라고 말하고 있다. 따라서 ① the thought itself has such a structure(사고 자체가 그러한 구조를 가지고 있다)가 빈칸에 들어갈 말로 가장 적절하다.
② 생각의 언어적 분석은 가능할 것 같지 않다
③ 마음 속 언어는 논리적 구조가 결여되어 있다
④ 생각과 그것의 언어적 표현은 별개다
⑤ 문장은 구조적으로 생각과 다르다

어휘

represent	나타내다
suppose	가정하다
structural	구조적인
similarity	유사성
analogy	비유
constituent	구성요소
verbally	말로, 구두로
particular	특정한
linguistic	언어적인, 언어의
structure	구조
include	포함하다
exist	존재하다
corresponding to	~에 상응하는
visual	시각적인

Vocabulary Review

본문 p.71

1 (1) statements (2) bond (3) insights
  (4) consensus (5) proportion
2 (1) linguistic (2) interpret (3) constituent
  (4) inborn (5) exclude (6) analytical
  (7) primitive (8) convenient (9) analogy
  (10) generalization

01

(1) 과학적인 진술과 발언은, 비록 그것들이 타당할 때조차도, 문학

이 아니다.

(2) Rasputin이 그녀의 아들을 치료할 수 있다는 것을 보여주었을 때, 그들의 결속은 정말로 더 강해졌다.

(3) Paul은 그의 예술적 통찰력과 아이디어를 공책에 기록했고, 수많은 책을 출간했다.

(4) 그 전제는 불일치가 잘못된 것이고 일치는 바람직한 상황이라는 것이다.

(5) 현대 인류학자들은 음식을 모으는 것은 그들의 시간 중 오직 작은 비율만을 차지한다고 보고한다.

02

(1) 언어적인, 언어의 (2) 해석하다 (3) 구성요소
(4) 타고난 (5) 배제하다 (6) 분석적인
(7) 원시적인 (8) 편리한 (9) 비유
(10) 일반화

UNIT 11 정보, 미디어

본문 p.72

Q

정답 ③

소재 잘못된 정보의 제공이 전쟁의 상황에 미치는 영향

1944년, 런던에 대한 독일의 로켓포 공격이 갑자기 증가했다. 2,000개가 넘는 V-1 비행 폭탄들이 도시에 떨어졌고, 5,000명 이상의 사람들을 죽이고 더 많은 사람들에게 부상을 입혔다. 하지만, 독일군은 지속적으로 그들의 목표물들을 놓쳤다. Tower Bridge나 Piccadilly로 (떨어지도록) 의도된 폭탄들은 그 도시(런던)에 한참 못 미쳤고, 인구가 덜 많은 교외에 떨어졌다. 이것은 그들의 목표물들을 정할 때, 독일군이 그들이 영국에 (이미) 심어놓았던 비밀 요원들에게 의지했기 때문이었다. 그들은 이 비밀 요원들이 영국에 의해 발각되었고 영국에 의해 조종되는 요원들이 그들(독일군)에게 교묘히 거짓된 정보를 제공하고 있다는 것을 알지 못했다. 그 폭탄들은 그것들이 떨어질 때마다 그것들의 목표물에서 점점 더 먼 곳에 맞히곤 했다. 공격이 끝날 무렵에 그것들(폭탄)은 시골에 있는 암소들을 위로 떨어지고 있었다. 적에게 잘못된 정보를 제공함으로써, 영국군은 큰 이득을 얻었다.

해설 2차 세계 대전 중에 독일군은 영국군에 의한 잘못된 정보를 믿고 영국 런던에 잘못된 위치로 포격을 가하여 영국군이 큰 이득을 얻었다는 내용이다. 따라서 빈칸에 들어갈 말로 가장 적절한 것은 ③ feeding the enemy wrong information(적에게 잘못된 정보를 제공함)이다.

① 대중에게 정직함
② 적에게 물러날 기회를 제공함
④ 시종일관 하나의 목표에 집중함
⑤ 미지의 곳을 탐험함

어휘

attack	공격; 공격하다
escalate	증가하다
wound	부상을 입히다

consistently	지속적으로
target	목표(물)
intended	의도된
fall short of	~에 못 미치다
populated	인구가 있는
suburb	교외
fix	정하다, 고정시키다
rely on	~에 의지하다
secret agent	비밀 요원
subtly	교묘히, 묘하게
deceptive	잘못된, 속이는
whenever	~할 때마다
gain	얻다
public	대중; 공공의
retreat	물러나다; 후퇴

Reading Check
본문 p.73

1 misinformation 2 fall 3 continued
4 secret, agents 5 wrong, information

주제별 연습문제 정답 01 ③ 02 ① 03 ①
본문 p.74

01

정답 ③

소재 인쇄술이 유럽의 정보 확산과 접근성에 미친 영향

수 세기 동안 유럽의 과학과 일반적인 지식은 라틴어로 기록되었다. 라틴어는 그때 당시에 더 이상 아무도 말하지 않는 언어여서, 그것은 학교에서나 배워져야 했다. 매우 극소수의 사람들만이 라틴어를 배울 기회를 가졌다. 심지어 극소수가 그 언어로 된 책을 읽거나 그 당시의 지적인 담화에 참여할 수 있었다. 게다가, 사람들은 거의 책에 접근하지 못했는데, 그것들은 손으로 쓰여 졌고, 희귀하고, 비싸서였다. 그러나, 유럽에서의 과학적 창의력의 거대한 폭발은 정보를 확산시키는 것을 도왔다. 구텐베르크는 인쇄술 중에서 가동 활자를 발명하였는데, 그것은 일상생활 언어들의 수용을 이끌었다. 그리고 나서, 그것들(일상 언어들)은 담화의 수단으로써 라틴어를 빠르게 대체했다. 16세기 유럽에서 창의적인 기여를 하는 것이 훨씬 더 쉬워졌다. 결과적으로, 사회적인 지원이 좀 더 호의적으로(이루어지게) 되었고, 정보가 더 널리 접근 가능하게 되었다.

해설 일상적 언어가 아닌 라틴어로 된 유럽의 과학과 지식에 대한 일반인들의 접근 제한성은 구텐베르크의 가동 활자의 발명으로 일상생활 언어의 수용과 더불어 16세기 유럽의 창의적인 기여와 정보 확산에 기여했다는 것이 글의 내용이다. 그러므로 빈칸에 들어갈 말로 가장 적절한 것은 ③ information became more widely accessible(정보가 더 널리 접근 가능하게 되었다)이다.

① 부유한 사람들의 수가 증가했다
② 사람들은 더 쉽게 라틴어를 배울 수 있었다
④ 교육은 모든 이들에게 동등한 기회를 제공했다
⑤ 새로운 방식의 과학적 연구가 도입되었다

어휘

few	(극)소수의
individual	사람, 개인

opportunity	기회
intellectual	지적인
access	접근
handwritten	손으로 쓰여 진
scarce	희귀한
acceptance	수용, 받아들임
rapidly	빠르게
replace	대체하다
contribution	기여, 공헌
consequently	결과적으로
favorable	호의적인
equal	동등한

02
정답 ①

소재 비즈니스의 성공을 위한 소셜미디어 활용의 중요성

당신의 소셜 미디어 계정상에 높은 팔로워 수를 갖는 것은 당신이 실제 생활에서 하고 있는 모든 일을 향상시킨다. 어느 대단한 코미디언은 그녀의 기술을 연마하는데 매일 여러 시간을 보내겠지만, 그녀의 Instagram 팔로잉에 대해 계속해서 질문을 받기도 한다. 그렇게 했을 때, 10만 명의 팔로워들을 가진 코미디언이라면 그녀의 다가올 쇼를 홍보하고 사람들이 그녀를 보러 오기 위해 표를 살 가능성을 증가시킬 수 있다. 이것은 쇼를 홍보하는데 쓰여 지는 돈의 양을 줄이고 제작자들이 다음에 다시 그녀를 선택할 가능성을 더 높이도록 한다. 많은 사람들은 팔로워 수가 재능보다 더 중요한 것처럼 보이는 것을 걱정하지만, 그것은 사실 전력을 다하고 있는가에 관한 것이다. 오늘날의 쇼 비즈니스 세상에서, 비즈니스 부분은 온라인상에서 일어난다. 당신은 그것에 적응할 필요가 있는데 왜냐하면 적응하지 못하는 사람들은 성공하지 못할 것이기 때문이다.

해설 현대의 비즈니스 환경에서는 코미디언의 사례를 보듯 소셜 미디어가 가진 파급효과도 무시할 수 없기 때문에, 그것을 적극적으로 활용해야 성공할 수 있다는 것이 글의 내용이다. 따라서 글의 요지로 가장 적절한 것은 ①이다.

어휘

account	계정, 계좌
enhance	향상시키다
whatever	무슨 ~라도; 무엇이든지
spend	(시간 등을) 보내다
skill	기술
upcoming	다가오는
increase	높이다, 증가시키다
chance	가능성, 기회
reduce	줄이다
amount	양
promote	홍보하다, 촉진시키다
likely to 동사원형	~할 가능성이 있는
seem	~인 것처럼 보이다
fire on all cylinders	전력을 다하다
adapt	적응하다

03
정답 ①

소재 다양하고 상반된 견해를 제시해야 하는 언론 매체

언론 매체가 다양하고 상반되는 견해들을 제시할 때, 우리는 이용할 수 있는 최고의 선택을 고를 수 있다. 전쟁을 하는 것의 예를 들어보자. 명백히, 전쟁은 모든 다른 선택권들이 실패했을 때 최후의 수단이어야 한다. 그래서, 누군가가 전쟁을 하겠다고 위협하거나 전쟁을 정당화하려고 하고 있다면, 뉴스 매체는 모든 것을 의심해 봐야 한다. 그것들(뉴스 매체)은 가장 치열한 조사를 제공해서, 대중들이 상황들의 다른 측면도 볼 수 있도록 할 수 있어야 한다. 그렇지 않으면, 우리는 정부에 의해 제시되는 이유 때문이 아니라, 말도 안 되는 이유로 싸우게 되는 불필요한 전쟁의 희생자가 될 지도 모른다. 불행히도, 언론 매체는 자주 이 중대한 역할을 수행하지 못한다. 심지어 거대한, "진보적"인 미국의 언론 매체조차도 그들이 언제나 대중의 이익을 위한 파수꾼이진 않았다는 것을 인정했다. 그들 자신의 몇몇 주요 사안들에 대한 보도는 때때로 눈에 띄게 편향적인 것처럼 보인다.

해설 주어진 문장은 전쟁을 하려는 움직임이 있을 때 언론 매체는 비판적 시각에서 모든 상황을 의심해야 한다는 내용이다. 따라서 전쟁이 최후의 수단이라는 문장 뒤에 오는 것이 자연스러우므로, 주어진 문장이 들어가기에 가장 적절한 곳은 ①이다.

어휘

threaten	위협하다
justify	정당화하다
question	의심하다, 질문하다
diverse	다양한
opposing	상반된, 반대되는
option	선택(권)
last resort	최후의 수단
intense	치열한, 격렬한
victim	희생자
ridiculous	말도 안 되는
government	정부
perform	수행하다, 공연하다
crucial	중대한, 중요한
liberal	진보적인
admit	인정하다
watchdog	파수꾼, 감시인
coverage	보도, 방송
strikingly	눈에 띄게, 현저히

Vocabulary Review
본문 p.77

1. (1) consistently (2) admitted (3) access
   (4) adapt (5) contribution
2. (1) public (2) intense (3) escalate
   (4) suburb (5) replace (6) justify
   (7) government (8) opportunity (9) account
   (10) reduce

01

(1) 그녀는 지속적으로 반에서 높은 점수를 받았다.
(2) 그는 나의 의견이 그의 것보다 더 좋다는 것을 절대로 인정하지 않았다.
(3) 그 학생들은 온라인상에서 다양한 정보에 접근할 수 있다.
(4) 그 전학 온 학생은 새로운 주위 환경에 적응하려고 노력했다.

(5) 세종대왕은 한글의 발명에 대단한 공헌을 했다.

02

(1) 대중   (2) 치열한, 격렬한   (3) 증가하다

(4) 교외   (5) 대체하다   (6) 정당화하다

(7) 정부   (8) 기회   (9) 계정, 계좌

(10) 줄이다

UNIT 12 컴퓨터, 인터넷, 교통   본문 p.78

Q   정답 ④

소재 인간과 컴퓨터의 장점을 결합한 시너지

컴퓨터는 인간이 그것들(컴퓨터)에게 준 지시사항들을 수행할 뿐이라는 것을 기억하는 것이 중요하다. 컴퓨터는 사람들보다 훨씬 더 대단한 속도로 정확히 데이터를 처리할 수 있지만, 그것들은 많은 측면에서 제한을 받는다. 가장 중요한 것은, 그것들은 상식이 부족하다는 것이다. 그러나, 이러한 기계들의 강점과 인간의 그것(강점)을 결합하는 것은 시너지를 창조한다. 시너지는 결합된 자원들이 따로 이용된 같은 자원들의 산출의 합을 초과하는 산출을 만들어 낼 때 일어난다. 컴퓨터는 빠르고 정확하게 작동하고, 인간은 상대적으로 느리게 일하고 실수를 한다. <u>반대로, 컴퓨터는 독립적인 결정들을 할 수 없는데, 그것(컴퓨터)은 인간에 의해서 프로그램되지 않으면 문제 해결을 위한 단계들을 만들어 내지 못하기 때문이다.</u> 정교한 인공지능조차도, 초기의 프로그래밍(작업)은 인간에 의해 수행되어야 한다. 그러므로, 인간과 컴퓨터의 결합은 인간 사고의 결과들이 많은 양의 데이터의 효율적 처리로 변환되도록 허용한다.

해설 시너지에 대한 설명 이후 컴퓨터가 가진 장점을 서술한 문장 다음에 주어진 문장이 와서 컴퓨터에 대한 단점을 언급하면서 연결되는 것이 문맥상 적절하다. 그러므로 주어진 문장이 들어가기에 가장 적절한 곳은 ④이다.

어휘

conversely	반대로
independent	독립적인
formulate	만들어 내다
vital	중요한
carry out	수행하다
accurately	정확히
aspect	측면, 양상, 관점
lack	~이 부족하다
combine	결합하다
resource	자원, 원천, 자질
output	산출(량)
exceed	초과하다, 넘다
sum	합, 총합
employ	이용하다, 고용하다
relatively	상대적으로
artificial	인공의
intelligence	지능, 지성

initial   초기의, 처음의

Reading Check   본문 p.79

1 combining   **2** sum   **3** sense
4 independent   **5** operate   **6** efficient
7 computers

주제별 연습문제   정답 01 ⑤ 02 ⑤ 03 ③   본문 p.80

01   정답 ⑤

소재 개인정보를 축적하는 cookie(쿠키)의 장단점

선호하는 웹사이트들은 때때로 오랜 친구처럼 사용자들을 환영한다. 온라인 서점들은 이름을 대면서 고객들에게 인사하고, 그들이 아마 읽고 싶어 하는 새로운 책들을 제안한다. 부동산 사이트는 시장에 나온 새로운 부동산으로 그들의 방문자들을 안내한다. 이러한 기술들은 쿠키에 의해 가능해 진다. 긍정적인 면에서, 쿠키는 개인에게 대단히 이익을 줄 수 있다. 그것들은 인터넷 서버가 그것(인터넷 서버)이 그것들(파일들)을 기억할 수 있도록 개인의 웹브라우저 내부에 저장하는 작은 파일들이다. 예를 들어, 쿠키는 사용자들에게 그들이 구매를 할 때마다 전자상거래 사이트에 이름과 주소를 입력하느라 쓰이는 시간을 아껴줄 수 있다. <u>하지만, 쿠키는 회사나 정부기관이 개인정보를 축적하도록 도움으로써 사생활을 침해하고 있을지도 모른다는 우려가 있어 왔다.</u> 보안은 또 다른 우려인데, 쿠키는 공유되는 컴퓨터를 훨씬 덜 안전하게 하고 해커들에게 시스템에 침입할 많은 방법들을 제공한다.

해설 cookie가 회사나 정부기관이 개인정보를 축적하는 것을 도와서 사생활을 침해할 수 있다는 내용의 주어진 문장은, cookie가 온라인 상거래에서 이름과 주소를 입력하는 일을 덜어준다는 쿠키의 장점을 설명하는 문장 다음에 오는 것이 문맥상 적절하다. 따라서 주어진 문장이 들어가기에 가장 적절한 곳은 ⑤이다.

어휘

concern	우려, 염려
violate	침해하다, 위반하다
privacy	사생활
agency	기관, 소속사
accumulate	축적하다
greet	인사하다
real estate	부동산
property	부동산, 재산
trick	기술, 묘기
store	저장하다; 상점
benefit	이익을 주다
individual	개인, 사람
enter	입력하다
every time	~할 때마다
security	보안, 안전
shared	공유되는
far	훨씬; 먼; 멀리
break into	~에 침입하다

02
정답 ⑤

소재 도로와 유사한 방식으로 운항하는 민간 항공기 항로

민간 항공기는 (일반)도로와 유사한 항로로 다닌다. 항로는 고정된 폭과 규정된 고도를 갖고 있는데, 그것들은 반대 방향으로 움직이는 교통(흐름)을 분리해 준다. 항공기의 수직적 분리는 다른 (비행)과정이 아래에서 일어나는 동안 일부 비행기가 공항 위를 통과하는 것을 가능하게 한다. 항공(비행)은 보통 장거리를 다니는데, 두 가지 유형의 이동(방식)이 있다. 하나는 이륙과 착륙시 짧은 시간의 고강도 조종사 활동이고, 다른 하나는 '장거리 비행'이라고 알려진 비행의 일부분인 하늘에서의 긴 시간 저강도 조종사 활동이다. 비행의 장거리 비행 부분 동안, 조종사들은 근처의 비행기를 탐색하는 것보다 항공기의 상태를 평가하는데 더 많은 시간을 보낸다. 이것은 비행기들 사이의 충돌은 보통 공항을 둘러싼 지역에서 발생하는데, 반면에 항공기 오작동으로 인한 추락은 장거리 비행들 중에 발생하는 경향이 있기 때문이다.

해설 ⑤ while이 이끄는 부사절에서 복수 명사 crashes가 주어이므로 동사 tends를 tend로 고쳐 써야 한다.
① fixed widths and defined altitudes을 선행사로 한 주격 관계대명사 which의 계속적 용법의 쓰임은 적절하다.
② to부정사인 to pass는 동사 enable의 목적격 보어의 역할을 하고 있으므로 적절하다.
③ known은 과거분사로 수동의 의미 '알려진'으로 해석되며 앞의 명사인 the portion of the flight를 적절하게 수식하고 있다.
④ 비교급 문장에서는 서로 비교하는 대상이 동일한 문법적 성격을 가져야 하기 때문에, 동명사 assessing과 병렬구조를 이루는 searching은 문법상 옳다.

어휘

commercial	민간의, 상업의
airplane	항공기, 비행기
fixed	고정된
width	폭, 넓이
defined	규정된, 정의된
separate	분리하다
opposite	반대의
direction	방향, 지시
vertical	수직적인, 수직의
aircraft	항공기
enable	가능하게 하다
process	과정; 처리하다
occur	일어나다
distance	거리
intense	고강도의, 집중적인
assess	평가하다
status	상태, 지위
collision	충돌
due to	~로 인한, ~때문인
malfunction	오작동
tend to 동사원형	~하는 경향이 있다

03
정답 ③

소재 인터넷을 통한 정보 습득의 장단점과 해결책

인터넷은 생각하는 것에 대한 조력자로서 새로운 정보의 신속한 습득을 우리에게 제공해 줄 수 있다. 그러나 이것은 실제라기보다는 좀 더 허구적이다. 사실, 구글에 몇 개의 단어를 입력하는 간단한 행위는 다루고 있는 주제와 관련된 링크들을 거의 즉각적으로 나타나게 할 것이다. 그러나 이런 방식으로 얻어진 정보의 정확성에 대한 조사는 간단한 문제가 아니다. 사람들이 흔히 얻게 되는 것들은 긴 글에 대한 추상적인 요약들에 지나지 않는다. 따라서, 나는 어떤 주어진 과학 논문의 다운로드 수는 사람들이 처음부터 끝까지 전체 논문을 읽었다는 횟수와 거의 관련이 없다고 생각한다. 만약 여러분이 좀 더 진지한 생각을 하고 싶다면, 그럼 나는 인터넷, 전화, 그리고 다른 장치들을 끊고 절대적인 고독 속에서 24시간을 지내볼 것을 추천한다.

해설 주어진 문장에서 in this way(이런 방식으로)라는 것은 문맥상 구글에 몇 개의 단어를 입력하는 행위를 가리키고 있다. 따라서 주어진 문장이 들어가기에 가장 적절한 곳은 ③이다.

어휘

examination	조사, 연구
accuracy	정확성
obtain	얻다, 획득하다
rapid	신속한, 빠른
acquisition	습득, 획득
aid	조력자, 도움
fictional	허구적인, 지어낸
actually	사실, 실제로
virtually	거의, 사실상
instantaneously	즉각적으로
at hand	다루고 있는, 가까운
no more than	~에 지나지 않는
abstract	추상적인
article	글, 기사
hence	따라서, 그러므로
suspect	생각하다, 의심하다
relevance	관련, 적절성
entire	전체의, 완전한
disconnect	(연락을) 끊다
device	장치, 기계
absolute	절대적인, 확실한

Vocabulary Review
본문 p.83

1 (1) entire (2) exceeded (3) accumulates
(4) combined (5) occurred

2 (1) property (2) vertical (3) suspect
(4) artificial (5) commercial (6) malfunction
(7) independent (8) abstract (9) collision
(10) security

01
(1) 예술가들은 표현의 완전한 자유를 요구했다.
(2) 그 회사는 마침내 작년의 판매(실적)를 초과했다.
(3) 이 연못은 유기성 물질을 축적하고 탄소를 흡수한다.

(4) 물은 수소와 산소가 결합될 때 만들어진다.

(5) 어제 여러 건의 교통사고가 우리 동네에서 발생했다.

02

(1) 부동산, 재산　　(2) 수직적인, 수직의　(3) 생각하다, 의심하다

(4) 인공의　　　　(5) 민간의, 상업의　(6) 오작동

(7) 독립적인　　　(8) 추상적인　　　(9) 충돌

(10) 보안, 안전

UNIT 13 심리, 대인관계　　　　본문 p.84

Q　　　　정답 ④

소재 인지된 능력에 따라 호감도가 변하는 Pratfall Effect

Pratfall Effect는 사회 심리학의 한 현상이다. 그것은 개인들의 인지된 매력도가 그들이 실수를 한 후에 증가 또는 감소하는데, 그들의 인지된 능력에 달려있다고 말한다. 유명 인사들은 일반적으로 능력 있는 사람들이라 여겨지고, 종종 어떤 면에서 흠이 없고 완벽하다고도 생각되어진다. 그래서, 만일 그들이 실수를 저지르면, 그것은 그들의 인간미가 다른 이들에게 사랑 받도록 할 것이다. 기본적으로, 실수를 전혀 저지르지 않는 사람들은 가끔의 실수를 저지르는 사람들보다 덜 매력적이라 인지된다. 완벽성은 일반 대중들이 관련지을 수 없는 인지된 거리감을 만들어, 실수를 전혀 저지르지 않는 사람들이 다가가기 어렵다고 인지되도록 만드는 것이다. 하지만, 이것은 또한 비슷한(→ 정반대의) 효과도 가진다. 즉, 만일 평균이거나 평균 이하의 능력이라 여겨지는 것으로 알려진 사람들이 실수를 저지른다면, 그들은 다른 사람들에게 덜 매력적이고 (덜) 호감적일 것이다.

해설 유명인사는 능력 있고 완벽하다고 인지되기 때문에 실수를 해도 매력적이라 여겨지지만, 일반인의 완벽성은 대중에게 거리감을 만들어 덜 매력적이라 여겨진다. 이것은 덜 완벽하다고 여겨지는 일반인은 상대적으로 매력적이라 여겨져야 하지만 덜 매력적으로 여겨진다고 했으므로, 예상한 것과 정반대의 효과가 나타났다고 할 수 있다. 따라서 ④의 similar(유사한)를 opposite(정반대의)와 같은 단어로 고쳐 써야 한다.

어휘

phenomenon	현상
state	(분명히) 말하다; 상태
perceived	인지된
attractiveness	매력(도)
depend on	~에 달려있다
competence	능력
celebrity	유명 인사, 연예인
consider	여기다, 간주하다
flawless	흠이 없는, 완벽한
certain	어떤, 확실한
aspect	면, 측면, 관점
commit	~을 저지르다
endearing	사랑 받는
occasional	가끔의

relate to	~와 관련짓다
approach	다가가다; 접근
average	평균의; 평균
likable	호감적인

Reading Check　　　　본문 p.85

1 attractiveness　2 perfect　　3 approach

4 mistakes　　　5 less　　　6 attractive

주제별 연습문제　정답 01 ②　02 ④　03 ②　　본문 p.86

01　　　　정답 ②

소재 인간의 특성을 바라보는 심리학의 관점

심리학에서 대부분의 연구는 인간이 이기적인 사욕[私慾]과 단순한 즐거움의 추구와 같은 저급한 동기들에 의해 움직여진다는 가정에 바탕을 두었다. 많은 심리학자들이 그러한 가정에서 출발했기 때문에, 그들은 무심코 그들 자신들의 생각을 뒷받침하는 조사 연구들을 설계했다. 그 결과, 심리학에서 인류에 대한 지배적인 관점은 사람들이 그들의 공격적 성향을 가까스로 억제하면서 동기화된 사욕으로 사회 집단 속에서 그럭저럭 살아간다는 것이다. Sigmund Freud와 초기 행동주의자들은 인간들이 주로 이기적인 욕구들에 의해서 동기 부여된다고 믿었다. 사회적 상호 작용은 그러한 더 저급한 감정들에 통제를 가함으로써만 가능하다. 따라서 그것은 폭력, 탐욕, 그리고 이기심의 분출에 언제나 취약하다. 인간들이 사회 안에서 실제로 함께 산다는 사실은 폭력에 밀접하게 노출된 미약한 합의라고 전통적으로 여겨져 왔다.

해설 대부분의 심리학 연구는 인간이 이기적인 사욕과 단순한 즐거움을 추구한다고 가정하고 조사 연구를 수행해 왔기 때문에, 인간들이 사회 안에서 실제적으로 생활하는 것은 폭력에 밀접하게 노출되는 것이 오래전부터 합의되어 왔다는 내용의 글이다. 따라서 빈칸에 들어갈 말로 가장 적절한 것은 ② selfish drives(이기적인 욕구들)이다.

① 윤리적인 생각들　　③ 합리적인 사고들

④ 외부적인 보상들　　⑤ 사회적인 처벌들

어휘

be based on	~에 바탕을 두다
assumption	가정
base	저급한; 기반
motivation	동기
egoistic	이기적인
pursuit	추구
dominant	지배적인, 우세한
barely	가까스로, 거의 ~하지 않는
keep ~ in check	~을 억제하다
aggressive	공격적인
manage to 동사원형	그럭저럭 ~하다
primarily	주로
exert	~을 가하다, 행사하다
violence	폭력(성)
greed	탐욕
selfishness	이기심

arrangement	합의, 협정
be exposed to	~에 노출되다

02
정답 ④

소재 외로움 극복을 위한 관계와 관심의 중요성

외로움은 나이와 함께 당신의 삶에 스며들 수 있고 그것이 외롭지 않기 위한 몇몇 방법을 찾는 것이 더 좋은 이유이다(그래서 외롭지 않기 위한 몇몇 방법을 찾는 게 더 좋다). Patrick Arbore는 이것을 알고 있었고, 그는 의미 있는 대화를 가치 있는 방법이라 여겼다. Elderly Suicide Prevention(노인 자살 방지 단체)의 관리자이자 설립자인 Arbore는, 자원봉사자들이 잠재적으로 자살을 할 수 있는 노인들에게 연락을 취하는 24시간 긴급 직통전화인 Friendship Line을 설립했다. 그는 "저는 누군가가 진정으로 관계를 원할 때 들어주는 사람으로서 대단한 기쁨을 느낍니다."라고 말한다. Arbore는 한 노인을 기억하는데, 그는 그가 그의 인생을 끝내려 할 때에 Friendship Line에서 그와 말했다. 얼마 후에 그는 그에게 "사람들이 나에 대해 신경 써 주기 때문에 나는 더 이상 자살에 대해 생각하지 않아요."라고 말했다. Arbore는 이와 같은 교류가 매우 중요하다는 것을 깨달았다. 그는 "우리의 일은 정말 꽤 단순합니다. 그것은 관계와 관심입니다."라고 말한다.

해설 글의 중후반부에 Patrick Arbore가 인생을 끝내려고 하는 한 노인과 연락을 했다고 했으므로, 인생을 끝내려고 한 것은 Arbore가 아니라 노인이므로 글의 내용과 일치하지 않는 것은 ④이다.

어휘

creep into	~에 스며들다, 기어가다
lonely	외로운
consider	여기다, 간주하다
meaningful	의미 있는
conversation	대화
valuable	가치 있는
director	관리자, 감독
prevention	예방, 방지
found	설립하다
reach out	연락을 취하다
potentially	잠재적으로
senior	노인, 고령자
connection	연결
end	~을 끝내다; 끝
no longer	더 이상 ~하지 않는
suicide	자살; 자살하다
exchange	교류, 교환
care	관심, 돌봄

03
정답 ②

소재 인간의 문화 환경에 따라 달라지는 동기부여 추구 유형

더 개인주의적인 문화 출신인 사람들은 자기중심의 주체성이나 통제력을 유지하도록 동기부여를 받는 경향이 있는데 왜냐하면 이러한 것들이 그들의 자아 존중감의 토대 역할을 하기 때문이다. 그들은 개인의 성공이 주로 그들의 능력과 행동에 달려 있다고 믿는다. 이런 식으로, 통제력의 사용은 환경에 영향을 주거나 그들의 상황을 받아들이려고 노력하는가든 아니든, 궁극적으로 개인에게 집중된다. 독립적 자아는 주체 의식이나 통제력에 호소하면서 대처하라고 더 많

이 유도될지도 있다. 그러나, 더 상호의존적인 문화 환경 출신인 사람들은 개인적인 성공의 이슈에 덜 집중하며 집단의 목표와 화합 쪽에 더 많은 동기부여를 받는 경향이 있다. 연구는 동아시아인들이 개인의 통제를 추구하는 대신 더 많은 사회적인 지원을 받는 것을 선호한다고 보여줘 왔다. 그러므로, 더 상호의존적인 성격을 지닌 사람들은 관계 속에서 화합을 증진하는 방식으로 대처하는 것을 선호할지도 모른다.

해설 ② 전체 문장의 주어(They)와 동사(believe) 뒤에 접속사 that이 생략된 명사절이 나온다. 명사절의 주어가 individual successes이므로 depending을 동사 depend로 고쳐야 한다.
① 이유를 나타내는 부사절을 이끄는 접속사로 as는 어법상 적절하다.
③ 주어(The individual self)는 동작(drive)의 대상이 되므로 driven(유도된)을 써서 수동태로 만든 것은 올바른 표현이다.
④ has shown의 목적어 역할을 하는 명사절을 이끄는 접속사인 that으로 뒤에 주어와 동사를 이끌고 있으므로 어법상 옳다.
⑤ 선행사인 people을 수식하는 관계절을 이끌며 관계절의 주어 역할을 하므로 주격 관계대명사 who는 어법상 적절하다.

어휘

individualistic	개인주의적인
motivated	동기를 받는
maintain	유지하다
self-focused	자기중심의
agency	주체성, (~의) 힘
as the basis of	~의 토대로서
self-worth	자아 존중감
ultimately	궁극적으로, 결국
be concentrated on	~에게 집중되다
whether	~이든 아니든
influence	영향을 주다; 영향
accept	받아들이다
circumstance	환경, 상황
independent	독립적인, 자주적인
cope	대처하다
appeal to	~에 호소하다
prefer	선호하다
seek	찾다, 추구하다
interdependent	상호의존적인
character	성격, 인물

Vocabulary Review
본문 p.89

1 (1) considered　(2) founded　(3) exert
　(4) potentially　(5) depends on

2 (1) valuable　(2) competence　(3) average
　(4) conversation　(5) violence　(6) prefer
　(7) celebrity　(8) influence　(9) exchange
　(10) motivation

01
(1) 그 학생들은 매우 부지런하다고 여겨졌다.
(2) 그 사업가는 그의 돈으로 자선단체를 설립했다.

(3) 그 정부는 그 시설을 복원하기 위해 모든 노력을 다할 것이다.

(4) 나는 잠재적으로 위험한 상황이 곧 올 것이라고 생각한다.

(5) 대부분의 광고 수익은 얼마나 많은 사람들이 광고를 볼 수 있는지에 달려 있다.

02

(1) 가치 있는　　　　(2) 능력　　　　(3) 평균의

(4) 대화　　　　(5) 폭력(성)　　　　(6) 선호하다

(7) 유명 인사, 연예인　　(8) 영향을 주다　　(9) 교류, 교환

(10) 동기

UNIT 14 정치, 경제　　본문 p.90

Q　　정답 ①

소재 사회적 규범에 의해 편견이 줄어드는 효과

집단 간의 접촉은 만약 그것이 평등을 촉진하는 사회적 규범에 의해 지지받는다면 고정관념을 줄이고 우호적인 태도를 만드는 경향이 있다. 만약 그 규범들이 개방성, 친밀함, 그리고 상호존중을 지지한다면, 그 접촉은 만약 그것들(규범들)이 지지하지 않는다면 이라는 것보다 태도를 바꾸고 편견을 줄일 더 큰 가능성을 갖는다. 외부의 권위 또는 기존의 관습에 의해 지지받는 집단 간의 접촉은 지지받지 않는 접촉보다 긍정적인 변화를 만들 가능성이 더 크다. 이런 제도적 지지가 없다면, 그 집단 내 구성원들은 외부자들과 상호작용하는 것을 꺼려할지도 모르는데 왜냐하면 그들은 그렇게 하는 것이 그저 부적절하다고 느끼기 때문이다. 그러나, 제도적 지지의 존재로, 집단 간 접촉은 적절하고, 기대되어지며, 그리고 가치 있는 것으로 보여질 가능성이 더 크다. 예를 들어, 학생들이 어떤 교사들에 의해 행해진 수업에서 더 많이 동기를 부여받았다는 증거가 있다. 사실, 그들(교사들)은 인종 차별 폐지를 반대하지 않고, 오히려 지지했던 사람들이었다.

→ 집단 간 평등을 추구하는 사회 규범의 지지를 받는다면, 집단 간 접촉은 조직적인 지지에 의해 이끌려질 때 편견을 더 약화시키는 경향이 있다.

해설 집단 간의 접촉은 집단 사이의 평등을 추구하는 사회적 규범(조직)의 지지를 받을 때 고정관념과 편견을 줄일 수 있고, 이런 것을 토대로 제도에 의해 지지를 받는 집단 간의 접촉이 긍정적인 변화를 만들 수 있다는 것이 글의 내용이다. 그러므로 빈칸 (A)에는 bias(편견), (B)에는 organizational(조직적인)이 들어가는 것이 가장 적절하다.

② 편견 – 개별화된　　③ 편견 – 재정적인

④ 균형 – 조직적인　　⑤ 균형 – 개별화된

어휘

contact	접촉, 연락
stereotyping	고정관념
norm	규범, 기준
equality	평등
mutual	상호의, 서로간의

---

prejudice	편견
institutional	제도적인, 제도화된
hesitate	꺼려하다, 주저하다
oppose	반대하다

Reading Check　　본문 p.91

1 social, norms　**2** stereotyping　**3** prejudice

4 positive

주제별 연습문제　　정답 01 ⑤ 02 ① 03 ②　　본문 p.92

01　　정답 ⑤

소재 가격이 올라도 수요가 증가하는 베블런재(Veblen goods)

베블런재(Veblen goods)는 Thorstein Veblen의 이름을 따서 지었는데, 그는 '과시적 소비' 이론을 만들어냈다. 베블런재는 그것들의 가격이 상승할 때 그것들에 대한 수요가 증가하기 때문에 이상해 보인다. Veblen에 따르면, 이러한 물건(베블런재)들은 높은 지위를 나타내야 한다. 더 높은 가격을 지불하고자 하는 의사는 더 나은 품질을 얻기보다는 부유함을 뽐내고자 하는 욕망에 기인한다. 그러므로, 진정한 베블런재는 더 낮은 가격의 것(물건)보다 눈에 띄게 더 높은 품질이지는 않을 것이다. 만약 그 가격이 너무 많이 하락하여 덜 부유한 사람들을 배제할 정도로 가격이 더 이상 높지 않다면, 부자들은 그것을 사는 것을 그만둘 것이다. 호화로운 차, 샴페인, 시계 등의 시장 속에서 이러한 행동에 대한 많은 증거가 있다. 판매자는 가격의 하락으로 인해 판매의 일시적인 상승을 경험할지도 모르지만, 곧 판매는 하락하기 시작할 것이다.

해설 베블런재(Veblen goods)는 부자들이 자신들의 부유함을 뽐내고자 높은 가격을 지불하더라도 구매하려는 현상을 설명하는 용어이기 때문에, 베블런제의 가격이 하락한다면 부자들은 그 제품을 더 이상 사지 않을 것이라 유추할 수 있으므로, 빈칸에 들어갈 말로 가장 적절한 것은 ⑤ it is no longer high enough to exclude the less well off(덜 부유한 사람들을 배제할 정도로 가격이 더 이상 높지 않다)이다.

① 정부가 그 산업에 관여하기 시작한다

② 제조업자들이 마침내 그 시장에 공급하지 않기로 결정한다

③ 수요와 공급의 법칙이 더 이상 작동하지 않는다

④ 그 시장에 남아 있는 품질 관한 경쟁이 없다

어휘

be named after	~의 이름을 따서 짓다
theory	이론
consumption	소비
goods	상품, 물건
demand	수요; 요구하다
status	지위, 상태
willingness	의사, 의지
desire	욕망; 바라다
show off	뽐내다, 자랑하다
A rather than B	B라기 보다는 A
noticeably	눈에 띄게
evidence	증거
temporary	일시적인, 임시의

involved	관여하는
remaining	남아 있는

02 정답 ①

정답 ①

소재 천연자원의 과도한 의존이 국가경제에 미치는 영향

천연자원이 풍부한 일부 개발도상국들은 자국의 천연자원에 대한 지나치게 의존하는 경향이 있다. 그것은 더 낮은 다양한 생산과 더 낮은 성장률을 발생시킨다. 자원의 풍요가 그 자체로 해가 될 필요는 없고, 그것은 심지어 축복이 될 수도 있다. 사실, 많은 나라들이 풍부한 천연자원을 가지고 있으며 그것들의 경제적 활동을 다양화함으로써 그것들(천연자원)에 대한 의존을 극복하려고 노력해 왔다. 가장 중요한 나라들을 꼽자면 캐나다, 호주, 또는 미국의 사례가 그런 것이다. 하지만 몇몇 개발도상국들은 많은 천연자원에 대한 그것들(몇몇 개발도상국)의 의존에 갇혀 있다. 그것들은 그것들의 발전을 제한하는 일련의 문제들로 고통을 겪는다. 그것은 자연자본(천연자원)에 대한 심한 의존이 다른 형태의 자본을 배제하고 그로 인해 경제 성장을 방해해하는 경향이 있기 때문이다.

→ 경제 활동을 다양화하지 않은 채 풍부한 천연자원에 의존하는 것은 경제 성장에 장애물이 될 수 있다.

해설 몇몇 개발도상국들은 경제 활동을 다양화하지 않고 그들이 가지고 있는 천연자원에만 지나치게 의존함으로써 문제를 겪고 있다는 내용의 글이다. 따라서 (A)에는 varying(다양화하는 것), (B)에는 barrier(장애물)가 들어가는 것이 가장 적절하다.
② 다양화하는 것 – 지름길   ③ 제한하는 것 – 난제
④ 제한하는 것 – 장애물   ⑤ 연결하는 것 – 지름길

어휘

developing country	개발도상국
natural resource	천연자원
excessively	지나치게
generate	발생시키다
abundance	풍요, 풍부
in itself	그 자체로
blessing	축복
overcome	극복하다
diversify	다양화하다
trapped	(덫에) 갇힌
restrict	제한하다
exclude	배제하다
capital	자본, 수도
thereby	그로 인해
interfere with	~을 방해하다

03 정답 ②

정답 ②

소재 지도자들이 명료한 결정을 내리지 못하는 이유

명료함은 지도자가 흔히 얻기 어려운 것이다. 현재의 우려는 더 멀리 떨어져 있는 것들(우려들)보다 더 커 보이는 경향이 있다. 지도자들에 의한 몇몇 결정은 대단한 복잡성을 제시하는데, 지도자가 성공하기 위해 특정한 방식으로 합쳐져야 하는 많은 다양한 변수들이 있기 때문이다. 지도자들은 그들의 생각을 흐트러뜨리고 혼란스럽게 할 뿐인, 이메일, 회의, 통화와 같은, 너무 많은 정보를 다루는데 대단한 어려움을 겪을지도 모른다. 그게 아니면, 지도자들의 정보는 아마도 그저 단편적인 것이며, 그들(지도자들)이 가정들로 그 차이들(부족한 부분)을 채우도록 초래한다. 또한, 지도자들의 중요한 결정의 가치들은 일반적으로 아주 명확하지도 않다. 그래서 그러한 결정들은 상충되는 이익에 중요성을 부여하고, 그런 다음 어느 것이 다른 것보다 더 좋은지를 결정하는 것을 포함해야 한다. 그렇다 하더라도, 그 결과는 여전히 불명확한데, 그것은 베토벤이 브람스보다 더 훌륭한 작곡가라고 말하는 것과 같다.

해설 주어진 문장은 지도자가 너무 많은 정보로 인해 생각이 흐트러지고 혼란스럽게 되어 명료한 결정을 내리기 어렵다는 내용으로, Alternatively(그게 아니면)로 시작하여 지도자가 명료함을 얻기 힘든 또 다른 이유를 제시하는 문장 앞에 오는 것이 문맥상 적절하다. 따라서 주어진 문장이 들어가기에 가장 적절한 곳은 ②이다.

어휘

cope with	~을 다루다
input	정보, 입력
distract	흐트러뜨리다
confuse	혼란스럽게 하다
concern	우려, 관심
present	현재(의); 제시하다
complexity	복잡성
variable	변수; 다양한
certain	어떤, 확실한
alternatively	그게 아니면
assumption	가정
merit	가치, 혜택
assign	부여하다, 배정하다
determine	결정하다, 결심하다
composer	작곡가

Vocabulary Review 본문 p.95

1 (1) assigned   (2) mutual   (3) exclude
  (4) restrict   (5) hesitate
2 (1) determine   (2) temporary   (3) demand
  (4) blessing   (5) generate   (6) assumption
  (7) norm   (8) evidence   (9) capital
  (10) confuse

01

(1) 그 죄수들은 별도의 방으로 배정받았다.
(2) 우리는 우연히 미술에 있어서 서로간의 흥미를 발견했다.
(3) 지도자들은 협상의 가능성을 배제하지 말아야 한다.
(4) 그들은 자신들이 매월 소비한 돈의 양을 제한해야 했다.
(5) 당신이 어떤 질문이라도 있다면 저에게 연락하는 것을 주저하지 말아 주세요.

02

(1) 결정하다, 결심하다   (2) 일시적인, 임시의
(3) 수요   (4) 축복   (5) 발생시키다
(6) 가정   (7) 규범, 기준   (8) 증거
(9) 자본   (10) 혼란스럽게 하다

UNIT 15 사회, 법

본문 p.96

Q

정답 ①

소재 권력거리에 따른 문화 차이

'권력 거리'는 권력의 불평등한 분배가 한 문화의 구성원들에 의해 얼마나 널리 수용되는지를 나타내는 데 사용되는 용어이다. 그것은 사회의 권력이 더 적은 구성원들이 자신들의 권력에서의 불평등을 수용하고 그것을 규범으로 여기는 정도와 관계가 있다. 권력 거리에 대한 높은 수용이 있는 문화(예를 들어 인도)에서, 사람들은 평등하다고 여겨지지 않고, 모두가 사회 계층 안에서 명확하게 규정되거나 할당된 위치를 가진다. 권력 거리에 대한 낮은 수용이 있는 문화들(예를 들어 핀란드)에서, 사람들은 불평등이 아주 적어야 한다고 믿고, 계층적 구분은 오직 편의 중 하나로만 여겨진다. 이러한 문화에서, 사회 계층 내에 더 많은 유동성이 있고, 개인들이 자신들의 개인적 노력과 성취를 기반으로 사회 계층을 상승하는 것이 상대적으로 쉽다.

→ 구성원들이 불평등을 기꺼이 수용하는 권력 거리에 대한 높은 수용의 문화들과는 다르게, 낮은 수용의 문화들은 사회 계층 내에서 이동을 허용한다.

해설 권력 거리에 높은 수용을 하는 문화에서 사람들은 불평등하게 여겨지고, 계층이 명확하게 나타나는 반면, 권력 거리에 낮은 수용을 하는 문화에서 사람들은 평등해야하고, 계층적 구분은 단지 편의 중 하나로만 구분을 한다는 것이 글의 주된 내용으로, 빈칸 (A)에는 willing(기꺼이 하는), (B)에는 mobility(이동)가 들어가는 것이 가장 적절하다.
② 기꺼이 하는 – 도움　　③ 꺼리는 – 저항
④ 꺼리는 – 유동성　　⑤ 두려운 – 개방성

어휘

term	용어
distribution	분배
relate to	~와 관계가 있다
inequality	불평등
norm	규범
define	규정[정의]하다
allocate	할당하다
convenience	편의, 편리
fluidity	유동성
mobility	이동, 이동성
reluctant	꺼리는
resistance	저항, 반대

Reading Check

본문 p.97

1 unequal, distribution　　2 equals　　3 defined
4 minimal　　5 convenience　　6 fluidity

01

정답 ④

소재 노동자들을 위한 최저임금법

다양한 경제 개념들을 가진 고용주들은 더 많은 혜택들을 받을 수 있도록 법을 활용하고 있다. 역사적인 증거는 적절한 법의 부재 시 고용주들에 의해 착취당하는 노동자들을 가리킨다. 이것은 경제 이론이 제시하는 것처럼, 노동자들이 그들의 증가된 생산성에 대한, 그들의 기여분에 대해 항상 보상 받는 것은 아니라는 것을 의미한다. 만약 그들(고용주)이 법적으로 통제되지 않는다면 고용주들은 노동자들을 착취할 수 있을 것이다. 그 결과, 최저임금법은 많은 노동자들이 빈곤선 위(→ 아래)에 있는 월급으로 일하는 것을 못하게 막는 유일한 방법일지도 모른다. 이러한 관점은 최저임금법이 효율적인 결과를 창출해내는 시장의 힘을 강화시키면서 현존하는 시장 실패를 수정하는 원천임을 의미한다.

해설 최저임금법은 빈곤선 아래의 월급으로 살아가고 있는 노동자들을 위한 것이라는 내용이 나와야하므로 ④ above(위에)가 below(아래에)로 바뀌어야 한다.
① 적절한 법의 부재라는 뜻으로 the 뒤에 명사형 absence가 오는 것은 적절하다.
② 소유격 their 뒤에 복수형 명사인 contributions가 오는 것은 적절하다.
③ 주어(they)가 동작(control)의 대상이 되므로 수동태 형태인 controlled가 오는 것이 적절하다.
⑤ while은 접속사로 뒤에 주어와 동사가 쓰이므로 진행형 형태인 are enhancing은 적절하다.

어휘

employer	고용주
economic	경제의, 경제적인
concept	개념
take advantage of	활용[이용]하다
reap	받다, 거두다
benefit	혜택, 수당
historical	역사적인
point	가리키다
exploit	착취하다
absence	부재
adequate	적절한
compensate for	보상하다
productivity	생산성
theory	이론
wage	임금
poverty	빈곤
exist	존재하다
efficient	효율적인

02

정답 ④

소재 과도한 지적재산권법

특허권의 원래 개념은 발명가들에게 독점 이익으로 보상하는 것이 아니라 그들이 자신들의 발명품을 공유하도록 장려하는 것임을 기억해라. 어느 정도의 지적재산권법은 이것을 이루기 위해 분명히 필요하다. 하지만 그것은 도를 넘어섰다(너무 멀리 가버렸다). 대부분의 특허권은 이제 아이디어 공유하는 것만큼 독점을 옹호하고 경쟁자들을 단념시키는 것에 관한 것이고, 그것은 혁신을 방해한다. 많은 회사들은 특허권을 진입 장벽으로 사용하고 그들(회사)은 어떤 다른 목표를 향해가는 도중에도 자신들의 지적재산을 침해하는 신흥 혁신가(혁신 기업)들을 고소한다. 제1차 세계 대전 이전의 여러 해 동안 항공기 제조사들은 특허권 소송에 서로를 묶어 놓고 미국 정부가 개입할 때까지 혁신을 늦추었다. 오늘날 스마트폰과 생명공학에서도 거의 동일한 상황이 발생했다. 만약 그들(새로운 업체)이 기존 것(기술)을 바탕으로 새로운 기술을 만들고 싶다면 새로운 업체들은 "특허 덤불"을 헤쳐 나가야 한다.

해설 특허권은 발명가들에게 독점 이익을 보상하는 것이 아니라 그들이 발명품을 공유하도록 장려하는 것이고 대부분의 특허권은 이제 아이디어를 공유하는 것만큼 독점을 보호하고 경쟁자들을 많이 단념시키며 혁신을 막고 있다고 언급하고 있으므로, 이 글의 주제로 가장 적절한 것은 ④ '혁신을 방해하는 특허법 남용'이다.
① 지적 재산을 보호하는 방법　　② 독점 금지법의 부작용
③ 특허 출원 요건　　⑤ 기술 혁신에 필요한 자원

어휘

original	원래의
patent	특허, 특허권
monopoly	독점
profit	이익
plainly	분명히
defend	옹호하다
discourage	단념시키다
disrupt	방해하다
firm	회사
barrier	장벽
sue	고소하다
aircraft	항공기
manufacturer	제조사
step in	개입하다
navigate	나아가다, 항해하다

03　　　　　　　　　　　　　　　　　정답 ⑤

소재 스포츠계의 인종 및 민족의 문제점과 해결방안

오늘날 미국에서 인종 및 민족의 관계는 과거보다 더 나아졌지만, 스포츠가 통합과 공정성의 모델이 될 수 있기에 앞서 많은 변화들이 요구된다. 오늘날의 난제들은 20년 전에 직면되었던 것들과 다르며, 경험은 현재의 난제들이 대응될 때 새로운 난제가 등장하는 새로운 사회적 상황이 만들어진다는 것을 보여준다. 예를 들어 일단 인종적, 민족적 분리가 제거되고 사람들이 화합하면, 그들은 다양한 경험과 문화적 관점에도 불구하고 서로 함께 살고 일하고 노는 법을 배워야 한다. 이러한 문제에 잘 대응하는 것은 평등한 대우와 그에 더하여 다른 사람들의 관점들에 대하여 배우고, 그들이 세상을 어떻게 규정하고 의미를 부여하는지를 이해하며, 그런 다음 차이를 존중하고, 타협하고, 항상 공유되지 않을 수도 있는 목표를 추구하는 과정에서 서로를 지원하면서 어떻게 관계를 형성하고 유지할지를 결정하는 데 대한 헌신을 필요로 한다.

해설 미국 사회에서 인종과 민족의 문제는 과거보다 훨씬 좋아졌으나, 스포츠계에서는 아직도 그런 문제들의 새로운 국면이 나타나고 있고 앞으로도

계속 나타날 것이므로 헌신적 노력이 필요하다는 취지의 글이다. 따라서 제목으로 가장 적절한 것은 ⑤ '스포츠에서 계속되고 있는 난제: 인종적 및 민족적 문제'이다.
① 협력은 스포츠맨 정신의 중심에 있다
② 하나를 위한 모두, 모두를 위한 하나: 팀 스포츠의 힘
③ 스포츠에서의 인종적 및 민족적 다양성의 역사
④ 스포츠에서의 인종적, 민족적 불평등: 원인과 결과

어휘

racial	인종의, 인종적인
ethnic	민족의, 민족적인
inclusion	통합, 포함
fairness	공정성
challenge	난제, 도전
current	현재의
emerge	나오다, 등장하다
eliminate	제거하다
perspective	관점, 시각
commitment	헌신
treatment	대우
determine	결정[결심]하다
maintain	유지하다
respect	존중하다
compromise	타협
allocate	공유하다, 할당하다

Vocabulary Review　　　　　　본문 p.101

1 (1) reluctant	(2) economic	(3) racial
(4) original	(5) benefits	
2 (1) disrupt	(2) sue	(3) mobility
(4) emerge	(5) compromise	(6) resistance
(7) monopoly	(8) exploit	(9) define
(10) efficient		

01
(1) 왕은 경쟁자에게 물건을 팔기를 꺼려했다.
(2) 정부는 경제회복을 기대하고 있다.
(3) 이제부터 전 세계에서 인종 차별은 절대 있어서는 안 된다.
(4) 비록 우리가 원본 사진은 잃어버렸지만 사본이 있어서 행운이었다.
(5) 실업수당을 받는 사람들은 최대한 많이 받기를 원한다.

02
(1) 방해하다　　　　(2) 고소하다　　　(3) 이동, 이동성
(4) 나오다, 등장하다　(5) 타협　　　　(6) 저항, 반대
(7) 독점　　　　　　(8) 착취하다　　　(9) 규정[정의]하다
(10) 효율적인

UNIT 16 의학, 건강, 영양, 식품
본문 p.102

Q
정답 ④

소재 심장 이식의 도입과 영향

…60년대의 모든 의학적 성취 중에서 가장 널리 알려진 것은 1967년 …아프리카 공화국의 외과 의사 Christiaan Barnard에 의해서 행해… 최초의 심장 이식이었다. 18일 후에 발생한 그 환자의 사망은 그 …의 수반되는 윤리적 문제로 의학의 새로운 시대를 환영하는 사람 …의 마음을 약하게 하지는 않았다. 심장 이식을 할 수 있는 능력은 …공호흡기의 개발과 관련이 있었고 그것(인공호흡기)들은 1950년 …에 병원에 도입되었다. 인공호흡기는 많은 생명을 구할 수 있었지 …, 심장이 계속해서 뛰던 사람들이 모두 다른 중요한 기능을 회복한 …은 없었다. 어떤 경우들에는 그들의 뇌가 완전히 기능하는 것을 멈 …었다. 그러한 환자들이 이식용 장기 공급자가 될 수 있다는 인식은 …버드 뇌사 위원회의 설립으로 이어졌고, 모든 '식별 가능한 중추 …경계 활동'의 부재는 '사망의 새로운 기준'이 되어야 한다는 권고로 …어졌다. 그 권고는 그 후 일부 수정과 함께 거의 모든 곳에서 채택 …었다.

해설 심장이 계속해서 뛰던 사람들이 모두 다른 중요한 기능을 회복한 적 …없었다는 문장 다음에 다른 중요한 기능인 뇌가 기능을 멈췄다는 것을 언급 … 주어진 문장이 들어가고 그러한 환자들이 이식용 장기 공급자가 될 수 있다 … 인식이 하버드 뇌사 위원회의 설립으로 이어졌다는 문장으로 이어지는 것 … 자연스러우므로 주어진 문장은 ④에 들어가는 것이 가장 적절하다.

어휘

…ease	멈추다
…unction	기능하다; 기능
…ccomplishment	성취
…ne publicized	알려진 것
…ransplant	이식
…urgeon	외과 의사
…pirit	마음, 정신
…ra	시대
…ttendant	수반하는
…thical	윤리적인
…ilemma	진퇴양난, 문제
…ritical	중요한
…rgan	장기
…ecommendation	권고
…bsence	부재
…entral nervous system	중추 신경계
…dopt	채택하다
…odification	수정

Reading Check
본문 p.103

accomplishments 2 era
development 4 whose 5 recovered
absence 7 death

01
정답 ⑤

소재 알맞은 균형이 필요한 우리의 신체

어떤 fad diet(일시적으로 유행하는 다이어트)는 여러분을 열량 부족 상태가 되게 할 수도 있고, 비록 이것이 체중 감량을 촉진할 수도 있지만, 그것은 (신)체성분을 향상시키는 데 효과가 없고, 실제로는 근육량의 손실로 이어질 수 있다. (C) 열량 제한은 여러분의 신진대사를 느려지게 할 수도 있고, 에너지 수준을 상당히 감소시킬 수 있다. 신체가 기능하고 치유되는 데 필요한 에너지를 가질 수 있도록 적당한 양의 열량을 전달하기 위해 열량 섭취를 조절하는 것이 유일한 적합한 접근법이다. (B) 여러분의 신체는 또한 치유되고 더 강해지기 위해서 주요 다량 영양소의 알맞은 균형도 필요로 한다. 단백질, 탄수화물 그리고 건강에 좋은 지방을 포함하는 이러한 다량 영양소는 여러분의 신체가 치료하고 회복하고 더 강해지는 능력을 최대화하도록 도와줄 수 있다. (A) 시기도 또한 중요하다. 하루 중에 전략적인 간격으로 이러한 주요 다량 영양소를 알맞은 조합으로 섭취함으로써 우리는 신체가 치유되고 훨씬 더 빠르게 성장하도록 도울 수 있다.

해설 일시적으로 유행하는 다이어트가 근육량의 손실로 이어질 수 있다는 주어진 글 다음에, 열량 제한이 에너지 수준을 상당히 감소시킬 수 있어서 적당하게 열량 섭취를 조절해야 한다는 (C)가 이어지고, 신체가 더 강해질 수 있는 능력을 최대화해주는 주요 다량 영양소의 균형도 필요하다는 (B)가 온 후, 주요 다량 영양소를 먹는 시기와 알맞은 조합으로 섭취함으로써 신체가 치유되고 훨씬 더 빠르게 성장하도록 도울 수 있다는 내용인 (A)가 이어지는 것이 글의 순서로 가장 적절하다.

어휘

deficit	부족
promote	촉진하다
effect	효과
body composition	(신)체성분
muscle mass	근육량
combination	조합
strategic	전략적인
interval	간격
protein	단백질
carbohydrates	탄수화물
maximize	최대화하다
metabolism	신진대사
significantly	상당히
intake	섭취
deliver	전달하다

02
정답 ②

소재 본능적 교감을 통한 사랑과 나눔의 힘

만약, 당신이 이곳(세상)을 살아가는 동안, 자신을 헌신한다면 세상은 다양하고 더 나은 장소가 될 수 있다. 이러한 생각은 어느 날 비행기를 기다리면서 공항 터미널에서 TV를 시청했을 때 Azim에게 명확해졌다. 한 성직자가 갓 태어난 쌍둥이들에 관한 이야기를 나누고 있었고 그들 중 한 명은 아팠다. 그 쌍둥이들은 병원 규칙에 따라 분리된 인큐베이터에 있었다. 그 층의 간호사는 반복해서 쌍둥이들이

한 인큐베이터에 함께 놓여야 한다고 제안했다. 의사들은 마침내 같은 장소에 함께 두는 것을 시험해보기로 동의했다. 쌍둥이들이 서로 접촉할 수 있을 때, 건강한 쌍둥이가 즉시 아픈 남동생을 자신의 팔로 감쌌다. 이러한 본능적인 교감은 조금씩 아픈 쌍둥이가 자신의 건강을 회복하고 되찾도록 도와주었다. 그 아기들의 가족과 의사들은 만질 수 없는(뭐라고 말할 수 없는) 사랑의 힘과 믿을 수 없는 나눔의 힘을 목격하였다.

해설 글의 전반부에 그 쌍둥이는 병원 규칙대로 분리된 인큐베이터에 있었다고 했으므로 글의 내용과 일치하지 않는 것은 ②이다.

어휘

give of	헌신하다
concept	생각, 개념
clear	명확한
priest	성직자
newborn	갓 태어난
separate	분리된
as per	~에 따라
immediately	즉시
instinctive	본능적인
little by little	조금씩, 점차적으로
recover	회복하다
regain	되찾다
witness	목격하다
force	힘
incredible	믿을 수 없는

03
정답 ⑤

소재 아기의 상황을 관점에 따라 다르게 바라보는 시각

세계를 인큐베이터 안에 있는 미숙아(좋아지는 징후가 있지만 여전히 좋은 상태는 아님)라고 생각해 보라. 아기의 건강 상태는 극도로 나쁘고 그녀의 호흡, 심장박동 수, 그리고 다른 중요한 징후들은 변화가 좋든 나쁘든 빨리 확인될 수 있도록 지속적으로 추적된다. 일주일 후, 그녀는 훨씬 더 나아진다. 모든 주요한 척도에서 그녀는 좋아지고 있지만, 그녀의 건강은 여전히 위태로운 상태이기 때문에 그녀는 여전히 인큐베이터에 머물러야 한다. 그 아기의 상황이 개선되고 있다고 말하는 것은 이치에 맞는가? 그렇다. 물론이다. 그것(아기의 상황)이 나쁘다고 말하는 것은 이치에 맞는가? 그렇다. 물론이다. "상황이 개선되고 있다."라고 말하는 것은 모든 것이 좋으며, 우리가 긴장을 모두 풀고 걱정하지 않아도 된다는 것을 암시하는가? 아니다. 전혀 그렇지 않다. 나쁜 것과 개선되고 있는 것 사이에서 선택해야 하는 것은 가치가 있는가? 절대 그렇지 않다. 둘 다이다. 그것은 우리가 세계의 현 상태에 관해 반드시 생각해야 하는 방식이다.

해설 인큐베이터 안에 있는 미숙아는 좋아지고는 있지만 여전히 위태로운 상태이기 때문에 두 가지 상태에 주목해야 한다는 내용이므로, 이 글에서 의미하는 바로 가장 적절한 것은 ⑤ having signs of getting better, but still not in good condition(좋아지는 징후가 있지만 여전히 좋은 상태는 아님)이다.
① 아무도 그것을 준비하지 않았을 때 너무 일찍 발생함
② 성장하여 밝은 미래를 맞이할 것으로 기대됨
③ 제대로 작동하지 않고 필수적인 능력이 부족함
④ 개선의 희망이 없는 위험한 상황에 처해 있음

어휘

premature	미숙아
status	상태, 지위
breathing	호흡
heart rate	심장박동 수
sign	징후
track	추적하다
confirm	확인하다
measure	척도
at stake	위태로운
make sense	이치에 맞다
infant	아기, 유아
Absolutely.	물론이다.
imply	암시하다, 추론하다
valuable	가치가 있는
definitely	절대로, 분명히

Vocabulary Review 본문 p.1●

1 (1) ceased　　(2) deficit　　(3) strategic
　(4) instinctive　(5) status
2 (1) at stake　　(2) ethical　　(3) separate
　(4) witness　　(5) modification　(6) imply
　(7) absence　　(8) promote　　(9) deliver
　(10) give of

01
(1) 드디어 눈이 그쳤다.
(2) 한국은 재정적자에 직면해 있다.
(3) 우리는 지금 전략적인 후퇴가 필요한 시점이다.
(4) 그가 나의 본능적인 반응을 확인한 이후에 그는 내 생각을 알아차렸다.
(5) 대부분의 사람들은 평생 동안 사회적 지위를 상승시키기 위해 노력하며 살아간다.

02
(1) 위태로운　　(2) 윤리적인　　(3) 분리된
(4) 목격하다　　(5) 수정　　　(6) 암시하다, 추론하다
(7) 부재　　　(8) 촉진하다　　(9) 전달하다
(10) 헌신하다

Mini Test 제1회 본문 p.110

| 01 ② | 02 ① | 03 ② | 04 ④ |
| 05 ⑤ | 06 ⑤ | 07 ④ | 08 ④ |

01
정답 ②

소재 아이 행동을 제한시킬 때 부모의 주의사항

행동이 통제되지 않는 아이는 행동에 대한 분명한 제한(규제)이 설정되고 부과될 때 개선된다. 그러나 부모는 어디에 제한을 두고(제한에

설정되고) 어떻게 그것을 부과할지(그것이 부과될지)에 대해 (반드시) 합의를 해야 한다. 제한과 그 제한을 깨뜨리는 결과는 아이에게 분명히 제시되어야 한다. 제한의 시행은 일관성 있고 단호해야 한다. 너무 많은 제한은 배우기 어렵고 자율성의 정상적 발달을 망칠지도 모른다. 제한은 아이의 나이, 기질, 그리고 발달 수준의 측면에서 합당해야 한다. 효과적이려면 부모 양쪽 모두가 (그리고 가정에서 다른 어른들도) 제한을 시행해야 한다. 그렇지 않으면, 아이들은 효과적으로 부모를 나누고 더 멋대로 하게 하는 부모 (중 한 사람)에게 제한을 시험하려고 (시도)할지도 모른다. 모든 상황에서, 효과적이려면, 처벌은 간결하고 행동과 직접적으로 관련되어 있어야 한다. 처벌이 또한 의도된 행동에 대한 칭찬과 연결될 때 더 효과적인 행동의 변화가 발생한다.

해설 제한의 시행은 일관성이 있어야 하고 단호해야 하며 제한은 아이의 나이, 기질, 발달 수준의 측면에서 합당해야 한다고 언급되고 있으므로, 글의 주제로 가장 적절한 것은 ② '아동 행동에 제한을 둘 때의 고려사항'이다.

① 보상과 처벌을 공정하게 제공하는 방법
③ 아이들이 사회적으로 옳은 일을 하도록 격려하는 이유
④ 훈육에서 증가하는 부모 참여의 필요성
⑤ 양육자의 성격이 아동 발달에 미치는 영향

어휘

behavior	행동
restriction	제한, 규제
impose	부과하다, 시행하다
consequence	결과
enforcement	시행
consistent	일관성 있는
firm	단호한, 확고한
spoil	망치다
autonomy	자율성
reasonable	합당한, 합리적인
in terms of	~측면에서
temperament	기질
effective	효과적인
enforce	시행하다
split	나누다
seek to	~하려고 (시도)하다, 추구하다
link	연결하다, 관련시키다
punishment	처벌
brief	간결한
occur	발생하다

02 정답 ①

소재 친환경적으로 변화하는 사람들의 사고방식

1980년대 초반부터, 블랙 프라이데이는 휴가 시즌의 시작을 나타내는 일종의 비공식적인 미국의 휴일이었고, 그 결과 소매상들에게 일년 중 가장 수익이 나는 시기였다. 그러나 최근 몇 년 동안 새로운 움직임은 더 많은 생태학적인 철학을 추가하면서 알려졌다. 그 움직임은 그린(친환경적인) 프라이데이라고 불리고 그것은 블랙 프라이데이가 환경에 가져오는 피해에 대한 의식을 높이는 것을 추구한다. 쇼핑몰까지 운전하면서 발생되는 탄소 배출, 그리고 심지어 우리가 필요하지도 않은 물건을 생각 없이 구매함으로써 생산되는 장기적인

쓰레기까지 생각해 보라. 그린(친환경적인) 프라이데이는 우리가 이런 날(블랙 프라이데이)을 보는 방식을 변화시키고 "사고, 사고, 사는 것"에서 그 휴가 시즌 동안 선물을 제공하는 대안적인 방법을 찾는 것까지 우리의 사고방식을 바꾸는 것에 관한 것이어서 (그 결과) 우리가 지구에 더 많은 피해를 일으키지 않는다. 비록 인구의 단지 작은 비율만이 변화를 만든다고 하더라도, 그것은 환경에 큰 의미 있을 것이다(큰 일을 의미할 것이다).

해설 블랙 프라이데이는 소매상들에게 일 년 중 가장 수익이 나는 시기였지만 생태학적인 철학을 추가하고, 블랙 프라이데이가 환경에 가져오는 피해에 대한 의식을 높이는 것을 추구하며 그린(친환경적인) 프라이데이라고 불리는 새로운 움직임에 관한 글이다. 따라서 글의 제목으로 가장 적절한 것은 ① '블랙 프라이데이를 그린(친환경적인)으로 바꾸다'이다.

② 거래를 비교하고 돈을 절약해라
③ 친환경적인 소비자를 위한 온라인 상점
④ 블랙 프라이데이에 사용되는 마케팅 트릭(수법)
⑤ 무엇이 당신으로 하여금 예산을 초과하여 지출하게 하는가? (왜 당신은 예산을 초과하여 지출하는가?)

어휘

a sort of	일종의
unofficial	비공식적인
mark	나타내다, 표시하다
profitable	수익이 나는[되는]
retailer	소매상
come to light	알려지다
ecological	생태학적인
philosophy	철학
green	친환경적인
raise	높이다, 올리다
awareness	의식, 자각
carbon emission	탄소 배출
long-term	장기적인
mindlessly	생각 없이
switch	바꾸다; 변화[전환]
mindset	사고방식
alternative	대안적인
compare	비교하다
budget	예산

03 정답 ②

소재 도구를 이용하기 시작한 인간

인간은 점점 확장되는 도구 세트를 이용하기 시작했다는 점에서 유일무이할 뿐만 아니라 외부 에너지원을 이용하는 복잡한 형태를 구축한 지구상 유일한 종이다. 이것은 근본적인 새로운 발전이었는데 역사에서 (그 발전과 같은) 전례가 없었다. 이러한 능력은 인간이 불을 통제하기 시작했던 150만 년 전에서 50만 년 전 사이에 처음으로 생겨났을지도 모른다. 기류 및 수류에 저장된 에너지의 일부가 적어도 5만 년 전부터 운항에, 그리고 훨씬 후에, 최초의 기계에 동력을 공급하는 데에도 사용되었다. 1만 년 전 즈음에, 인간은 식물을 경작하고 동물을 길들여서 이런 중요한 물질과 에너지 흐름을 통제하는 것을 배웠다. 정말 곧 그들(인간)은 동물의 근력을 이용하는 법도 알게 되었다. 약 250년 전에, 많은 다양한 종류의 기계에 동력을 공급

하는 데 대규모로 화석 연료가 사용되기 시작하였고, 그렇게 함으로써 오늘날 우리에게 익숙한 사실상 무한한 양의 인공적인 복잡성을 만들어 내었다.

해설 ② 계속적 용법의 관계대명사 which 뒤에 완전한 문장이 왔으므로 which를 '전치사+관계대명사' 형태인 for which로 바꿔야 한다.
① 주어는 humans이고 동사는 are이므로 보어자리에 unique라는 형용사를 사용하는 것은 적절하다.
③ 문장에서 주어가 some of the energy이므로 단수동사 was를 사용하는 것은 옳다.
④ to 부정사를 목적어로 취하는 동사인 learned 다음에 and가 있는 병렬구조로 동사원형인 cultivate를 쓰는 것은 적절하다.
⑤ 동일한 주어인 fossil fuel가 생략된 분사구문이며, creating 뒤에 목적어가 있으므로 현재분사 형태를 사용하는 것은 옳다.

어휘

ever-widening	점점 확장되는
unique	유일무이한
complexity	복잡성
external	외부의
energy source	에너지원
fundamental	근본적인
capacity	능력
emerge	생겨나다, 나타나다
navigation	운항
power	동력을 공급하다
cultivate	경작하다
tame	길들이다
matter	물질
muscle power	근력
fossil fuel	화석 연료
virtually	사실상
artificial	인공적인

04
정답 ④

소재 집단 평가의 정확도를 낮추는 다수의 영향력

사람들이 서로에게 영향을 미치도록 허락하는 것은 집단 평가의 정확도를 낮춘다. 증거에 대한 다수의 출처로부터 가장 유용한 정보를 끌어내기 위해서, 당신은 이 출처들을 서로 독립적으로 만들도록 항상 노력해야 한다. 증거에 대한 다수의 출처로부터 가장 유용한 정보를 끌어내기 위해서, 당신은 이 출처들을 서로 독립적으로 만들도록 항상 노력해야 한다. 이러한 원칙은 좋은 경찰 수사 절차의 일부이다. 어떤 사건에 다수의 목격자들이 있을 때, 그들은 자신들의 증언을 제공하기 전에 그것(사건)에 대해 토론하는 것이 허락되지 않는다. 그 목적은 적대적인 목격자들에 의한 공모를 예방하는 것일 뿐만 아니라, 목격자들이 또한 서로에게 영향을 미치는 것을 막기 위해서이다. 그들의 경험을 교환한 목격자들은 증언에서 비슷한 오류를 만드는 경향이 있을 것이고, (이것은) 그들이 제공하는 정보의 전체 가치를 향상시킨다(→낮춘다). 개방적인 토론의 일반적인 관행은 일찍 그리고 자신감 있게 말하는 사람들의 의견에 너무 많은 무게를 실어주고 (이것은) 다른 사람들이 그들 뒤에 줄을 서도록 한다.

해설 여러 가지 경험을 교환한다면 정보의 오류가 많아진다고 했으므로 정보의 전체 가치도 떨어뜨린다는 ④ improving(향상시킨다)을 reducing(낮춘다) 와 같은 단어로 고쳐 써야한다.

어휘

influence	영향을 미치다; 영향
precision	정확(도)
estimate	평가
derive	끌어내다, 얻다
multiple	다수의
source	출처, 원천
evidence	증거
independent	독립적인
police procedure	경찰 수사 절차
witness	목격자
discuss	토론하다
hostile	적대적인
exchange	교환하다
error	오류, 실수
standard	일반적인, 표준의
practice	관행, 실행
line up	줄을 서다

05
정답 ⑤

소재 확실성에 대한 우리의 열망

현대 세계에서 우리는 불확실한 곳에서 확실성을 찾는다. 우리는 혼란 속에서 질서를, 애매모호함에서 정답을, 복잡함에서 확신을 찾는다. 베스트셀러 작가인 Yuval Noah Harari는, "우리가 그것(세상)을 이해하려고 하는 것보다 세상을 통제하려고 하는 것에 훨씬 더 많은 시간과 노력을 쏟는다."라고 말한다. 우리는 쉽게 따라 할 수 있는 공식을 찾는다. 시간이 지나면서 우리는 미지의 것과 상호 작용하는 우리의 능력을 잃어버린다. 우리의 접근법은 나에게 밤에 가로등 아래에서 자신의 열쇠를 찾는 술 취한 남자에 대한 전형적인 이야기를 생각나게 한다. 그는 자신의 열쇠를 어두운 길가 어딘가에서 잃어버렸다는 것을 알지만 가로등 밑에서 그것들을 찾는다. 왜냐하면 (바로) 그곳이 빛이 있는 곳이기 때문이다. 확실성에 대한 우리의 열망은 가로등 아래에서 우리의 열쇠를 찾음으로써 겉으로 보기에 안전한 결책을 우리가 추구하도록 이끈다. 어둠 속으로 위험한 걸음을 내딛는 대신에, 우리는 그것이 아무리 열등할 수 있을지라도 우리의 현재 상태 안에 머문다.

해설 어둠 속으로 위험한 걸음을 내딛는 대신에, 우리는 현재 상태 안에 머문다는 내용의 글이므로 ⑤ lose our ability to interact with the unknown(미지의 것과 상호 작용하는 우리의 능력을 잃어버린다)이 빈칸에 들어갈 말로 가장 적절하다.
① 우리 행동의 찬반양론을 따져본다
② 애매모호함을 참을 수 있는 인내심을 키운다
③ 정착하기보다 모험을 즐긴다
④ 복잡한 문제를 해결하는 것에서부터 통찰력을 얻는다

어휘

certainty	확실성
order	질서
chaos	혼란
ambiguity	애매모호함
conviction	확신

ormula	공식
pproach	접근법
emind A of B	A에게 B를 생각나게 하다
treet lamp	가로등
earning	열망, 갈망
ursue	추구하다
eemingly	겉으로 보기에
n place of	~대신에
urrent state	현재 상태
nferior	열등한
ros and cons	찬반양론
ear	참다, 견디다
ettle down	정착하다
nsight	통찰력

06   정답 ⑤

소재 습관의 장단점

습관은 숙달의 토대를 만든다. 체스에서 참가자(체스를 두는 사람)가 경기의 다음 단계에 집중할 수 있는 것은 오직 (체스) 말의 기본적인 움직임이 자동화되고 나서야. 암기가 된 각각의 정보 덩어리는 더 노력이 필요한 사고를 할 수 있도록 정신적 공간을 열어준다. (C) 이 것은 당신이 시도하는 어떤 것에도 적용된다. 당신이 간단한 동작을 배우 잘 알고 있어서 생각하지 않고도 그것들(동작들)을 할 수 있을 때, 더 높은 수준의 세부 사항에 자유롭게 집중하게 된다. 이런 식으로, 습관은 그 어떤 탁월함의 추구에 있어서 중추적인 역할을 한다. B) 그러나 습관의 이점에는 대가가 따른다. 처음에, 각각의 반복은 유창함, 속도, 그리고 기술을 발달시킨다. 그러나 그 다음에 습관이 자동화되면서 당신은 피드백에 덜 민감해진다. (A) 당신은 무의식적 인 반복으로 빠져든다. 실수를 대수롭지 않게 여기기가 더 쉬워진다. 당신이 자동적으로 그것을 "충분히 잘" 할 수 있을 때, 어떻게 그것을 더 잘 해야 하는지에 관해 생각하기를 멈춘다.

해설 체스에서 참가자가 경기의 다음 단계에 집중할 수 있는 것은 말의 움 직임이 자동화된 이후라는 주어진 글 다음에 이러한 자동화가 당신이 시도하 는 어떤 것에도 적용되어 생각하지 않고도 집중하게 되어 탁월함의 추구에 있 어서 습관이 중추적인 역할을 한다는 (C)가 이어지고, 그러나 습관의 이점에는 대가가 따르는데 습관이 자동화되면서 피드백에 덜 민감해진다는 (B)의 내용 이 온 후, 무의식적인 반복으로 빠져들고 실수를 대수롭지 않게 여기기가 쉬워 진다는 (A)로 이어지는 것이 글의 순서로 가장 적절하다.

어휘

foundation	토대
mastery	숙달, 통달
automatic	자동의, 자동적인
chunk	(큰) 덩어리
effortful	노력이 필요한
mindless	무의식적인, 생각 없는
repetition	반복
let ~ slide	~을 대수롭지 않게 여기다
benefit	이점, 혜택
fluency	유창함, 능변
sensitive	민감한, 예민한
attempt	시도하다
pay attention to	~에 집중하다, 주의를 기울이다

advanced	높은 수준의, 고급의
backbone	중추, 척추
pursuit	추구

07   정답 ④

소재 여분의 돈의 중요성

만약 여러분의 모든 여웃돈을 반드시 일어날 수도 있는 일에 대비하 여 모아 놓지 않고 빚을 줄이는데 쓴다면, 여러분은 어떤 일이 정말 로 발생했을 때 절망스러울 것이다. 여러분은 결국 더 많은 빚을 지 게 될 것이다. 당신의 차를 수리하기 위해서 예상치 못하게 500달러 가 필요하다고 가정해보자. 만약 여러분이 이것을 위해 돈을 모아 놓 지 않는다면, 여러분은 결국 갚아야 할 또 다른 빚을 지게 될 것이다. 여러분은 빚을 갚기 위해 정말 열심히 노력해 왔지만, 아무것도 바뀌 지 않았다는 것에 좌절감을 느끼게 될 것이다. 한편, 만약 여러분이 자동차 수리를 위해 돈을 모으고 있고 빚을 좀 더 천천히 갚아가고 있다면, 여러분은 자동차 수리에 대하여 계획을 세웠다는 것에 대해 만족감을 느낄 것이다. 여러분은 그것(자동차수리)에 지불할 돈을 가 지고 있으면서도 예정대로 여전히 빚을 갚아 가고 있을 것이다. 예상 치 못한 자동차 수리로 인한 좌절과 실망 대신에, 여러분은 자랑스럽 고 만족스러울 것이다.

해설 반면에, 예기치 못한 자동차 수리에 돈을 모으고 있고, 빚을 천천히 줄여가고 있다면, 자동차 수리에 대한 계획을 세운 것에 자부심을 느낄 것이라 는 의미의 주어진 문장은, 예기치 않은 일에 대해 대비를 하지 않으면 자동차 수리비를 지출하기 위해 또 다른 빚을 지고 좌절할 것이라는 문장과 상반되는 내용으로 ④에 들어가는 것이 가장 적절하다.

어휘

meanwhile	한편
set ~ aside	~을 비축해두다
auto repair	자동차 수리
desperate	절망적인, 필사적인
end up -ing	결국 ~하다
unexpectedly	예상치 못하게
on schedule	예정대로
frustration	좌절
disappointment	실망
content	만족한

08   정답 ④

소재 문화에 따라 다른 학습력에 대한 기준

만약 Tanzania의 한 Hadza(하드자 족) 어른이 대수 방정식을 푸는 방법을 모른다면, 사람들은 종종 그가 우리보다 덜 똑똑함이 틀림없 다는 것을 당연시한다 그러나 어떤 문화의 사람은 빠른 학습자이고 다른 문화의 사람은 느린 학습자라는 증거는 없다. 비교 문화 연구에 따르면, 다른 문화의 사람들은 다른 문화적인 내용(태도, 가치관, 생 각, 그리고 행동 양식)을 배우고 그들은 비슷한 효율성으로 이것(문 화 학습)을 성취한다. 전통적인 Hadza 사냥꾼은 그러한 지식이 동아 프리카 목초지에서의 삶에 자신의 적응에 있어 특별히 도움이 되지 않았기 때문에 대수학을 배우지 않았다. 결과적으로, 그는 생존 기술 이 부족했기 때문에 목초지의 환경에 적응하는 데 실패했다. 그러나, 그는 3일 동안 본 적 없는 상처 입은 부시벅을 어떻게 추적하는지와 어디에서 지하수를 찾을 수 있는지를 안다.

해설 문화마다 중요하고 필요한 지식들이 다르기 때문에 특정문화의 사람들이 다른 문화권의 지식을 모르거나 빠르게 습득하지 못하는 것으로 학습력을 판단할 수 없다는 글이다. 따라서 생존 기술이 부족했기 때문에 적응에 실패했다는 것은 글의 전체적인 흐름과 관계가 없으므로 정답은 ④이다.

어휘

take ~ for granted	~을 당연시하다
intelligent	똑똑한
evidence	증거
according to	~에 따르면
accomplish	성취하다
efficiency	효율성
adaptation	적응
adjust to	~에 적응하다
be short of	~이 부족하다
wounded	상처[부상] 입은
trace	추적하다

Mini Test 제2회

본문 p.116

| 01 ① | 02 ⑤ | 03 ① | 04 ② |
| 05 ③ | 06 ① | 07 ② | 08 ③ |

01

정답 ①

소재 결과론적으로 바라 볼 때 넓어지는 완벽 스펙트럼

당신은 완벽할 수 있지만, 당신은 완벽하다는 것에 대한 다른 관점이 필요하다. 만약 당신이 "완벽한" 대신에 "완수된"을 삽입한다면 완벽함은 실제로 가능하다. 한 농구 선수가 15피트 슛을 해서 그 공이 골대 가장자리를 전혀 건드리지 않으면서 골 망을 통과한다고 상상해 보자. 누군가가 "그건 정말 완벽한 슛이었어!"라고 환호할 수도 있다. 그리고 그것은 완벽했다. 그 완벽한 슛은 그의 팀에 2점을 준다. 이제 다시 그 똑같은 선수가 또 다른 15피트 슛을 한다고 상상해 보자. 하지만 이번에는 공이 골대 가장자리의 한 면에 부딪히고 빙글빙글 돌다가 0.5초 동안 정지한 다음에, 마침내 골 망을 통과해서 떨어진다. 사람들은 그것이 "완벽한" 슛이 아니라서 실망할 수도 있고 그들이 맞을지도 모른다. 하지만 농구 경기는 (슛이) 깔끔한가 혹은 볼품없는가와 같은 그런 기준에 관한 것이 아니다. 이전의 "완벽한" 슛과 마찬가지로, 공은 골 망을 통과했고 점수판에는 2점이 올라갔다. 이런 점에서, 두 번째 슛은 첫 번째 슛만큼이나 완벽했다.

해설 농구를 예로 들며 공이 골대에 닿지 않고 깔끔하게 들어가는 것만이 "완벽"이 아니라 골대를 통과시키는 궁극적인 목표를 "완수"하는 것까지가 "완벽"한 것이라며 "완벽"에 대한 범위를 넓혀야 한다는 내용의 글로, 밑줄 친 부분이 의미하는 바로 가장 적절한 것은 ① '업무 수행 근거하여 완벽함을 재정의하다'이다.
② 여러분이 할 수 있는 것과 할 수 없는 것을 구별하다
③ 완전히 완벽할 흠 없는 무언가를 만들다
④ 여러분이 성취했던 것에 관한 사회적 관점을 가지다
⑤ 큰 것을 다루기 위해 우선 작은 것을 완성하다

어휘

| perspective | 관점 |

---

perfection	완벽함
insert	삽입하다
complete	완수된, 완성된
shot	(농구, 축구 등) 슛
rim	테두리, 가장자리
acclaim	환호하다
roll around	빙글빙글 돌다
stand	~한 상태로 있다
still	정지한, 가만히 있는
disappointed	실망한
criteria	기준 (criterion의 복수)
former	이전의
in this light	이런 점에서

02

정답 ⑤

소재 곤충을 먹는 쪽으로의 음식 전환의 필요성

어떻게 우리는 환경이 덜 손상되면서 필요한 영양분을 얻을 수 있는가? 기후 변화에 가장 많이 기여하는 것(원인이 되는 것)은 농업에 가장 중요한 요소인 가축이다. 세계적으로 육우와 젖소는 온실가스 배출(GHGEs)의 측면에서 가장 중요한 영향을 미치고, 세계의 이산화탄소 배출의 41%와 전 세계 온실가스 배출의 20%를 차지한다. 대기에 있는 온실가스배출(GHGEs)의 양을 증가시킨 다른 원인들이 있다. 가축 산업과 연관된 운송, 벌채, 메탄 배출, 곡물 경작은 또한 지구 온도의 상승 뒤에(배후에) 있는 주요 요인이다. 전통적인 가축과 대조하여, "mini livestock(소형 가축)"인 곤충들은 더 적은 온실가스를 적게 내뿜고, 최소한의 땅을 사용하며 재배된 곡물보다는 음식물 쓰레기를 먹고 살 수 있고 어느 곳에서나 사육될 수 있으며, 따라서 잠재적으로 장거리 운송에 의해 야기되는 온실가스 배출을 피할 수 있다. 우리가 세계적으로 곤충 소비를 장려하고 육류 소비를 절제한다면 식량 체계로 인한 지구 온난화 가능성은 현저히 줄어들 것이다.

해설 가축산업과 관련된 운송, 벌채, 메탄 배출, 곡물 경작으로 인한 온실가스 배출 등은 기후 변화를 야기하는 주된 요인이므로, 이를 줄이기 위해서 온실가스 배출양이 적고, 경작지도 작고, 음식물 쓰레기를 사료로 먹일 수도 있고, 어디에서나 사육 가능한 곤충을 소비하자는 것이 글의 주된 내용으로, 글의 주제로 가장 적절한 것은 ⑤ '곤충을 먹는 쪽으로의 음식 전환의 필요성'이다.
① 농업에서 생산성 향상의 방법
② 곤충을 기르는데 관한 공급과 수요의 영향
③ 온실가스배출을 줄이는 중요성
④ 지군온난화를 예방할 기술적 진보

어휘

acquire	얻다, 획득하다
contribute to	~에 기여하다
component	요소
cattle	소(떼)
greenhouse gas emissions(GHGEs)	온실가스배출
account for	차지하다; 설명하다
emission	배출, 방출
driver	요인, 동인
cultivation	경작 (cultivate 재배하다)

ssociated with	~와 연관된
contrast to	~와 대조하여
onventional	전통적인, 관습적인
mit	내뿜다, 방출하다
vestock	가축
ve on	~을 먹고 살다
rain	곡물
ansportation	운송
efrain from	~을 절제하다, 삼가다
ubstantially	상당히

3 정답 ①

소재 극적이고 인상적인 것에 대해 과대평가하는 인간의 속성

-리는 가장 쉽게 마음속에 떠오르는 것과 세상에 대한 이미지를 연
시켜 생각한다. 물론, 이것은 어리석은데, 왜냐하면 현실에서 우
가 쉽게 떠올리는 것은 사건들이 얼마나 자주 발생하는지와 아무
련이 없기 때문이다. 이 편견 때문에, 우리는 우리의 머릿속에 있
 부정확한 위험 지도를 가지고 삶을 여행할 가능성이 있다. 따라
, 우리는 비행기 추락, 자동차 사고, 또는 살인의 희생자가 되는 두
움이 있고, 우리는 당뇨병 또는 위암과 같은 덜 눈에 띄는 방법으
 죽을 위험성을 간과한다. 폭탄 공격의 가능성은 우리가 생각하는
보다 훨씬 더 희박하고, 우울증으로 고통받을 가능성이 훨씬 더 높
. 우리는 극적이고, 현란하거나 요란한 결과의 가능성에 사로잡혀
다. 조용하고 보이지 않는 모든 것을 우리는 우리의 마음속에서
시한다. 우리의 뇌는 평범한 것보다 극단적인 결과를 더 쉽게 상상
다.

해설 평범한 사건보다 극적이고 자극적인 사건이 기억에 더 강렬하게 남
 때문에 자극적인 사건의 실제 빈도나 발생가능성과는 상관없이 더 공포감
 느끼게 만든다는 내용이므로, 이 글의 제목으로 가장 적절한 것은 ① '우리
 극적인 것에 더 무게감을 둔다'이다.
② 두뇌는 감정적으로가 아닌 논리적으로 생각한다.
③ 긍정적 이미지에 대한 우리 뇌의 선호
④ 사람들은 어떻게 그들의 편견을 극복하는가?
⑤ 위기 분석에서 오류를 줄이는 방법

어휘

ssociate A with B	A와 B를 연관시켜 생각하다
bsurd	터무니없는
ave nothing to do with	~와 아무 관련이 없다
rejudice	편견
verlook	간과하다, 무시하다
oticeable	눈에 띄는, 두드러진
eans	수단, 방법
tomach cancer	위암
hance	가능성
omb attack	폭탄 공격
are	희박한, 드문
epression	우울증
e obsessed with	~에 사로잡혀 있다, 집착하다
kelihood	가능성
pectacular	극적인

04 정답 ②

소재 환경에 따라 액체 또는 고체의 특성을 보이고 행동하는 고양이

고양이가 액체인지 고체인지는 과학자에게 "사람들을 웃게 한 후 생각을 하게 만드는" 연구에 경의를 표하는 Ig(이그) 노벨상을 받을 수 있었던 종류의 질문이고 이것은 노벨상의 패러디이다. 하지만 이 질문은 Paris Diderot 대학의 물리학자인 Marc-Antoine Fardin이 집 고양이는 흐르는 것인지 알아내는 것을 시작할 때 처음 마음속에 있던 것(생각)은 아니었다. Fardin은 털로 덮인 이 애완동물이 액체가 하는 것과 유사하게 그들이 들어가 앉아 있는 용기의 모양에 적응할 수 있다는 것을 알아챘다. 그래서 그는 고양이가 꽃병 또는 욕조의 공간에 자리를 잡는데 걸리는 시간을 계산하기 위해 물질의 변형을 다루는 물리학의 한 분야인 유동학을 적용했다. 결론은? 고양이는 환경에 따라 결론은? 고양이는 환경에 따라 액체나 고체 둘 중 하나가 될 수 있다. 작은 상자 안의 고양이는 그 모든 공간을 채우며 액체처럼 행동할 것이다. 하지만 욕조 안의 고양이는 물이 그것(고양이)에게 닿는 것을 막으려고 노력할 것이고 고체와 매우 유사하게 행동할 것이다.

해설 ②의 자리는 동사(sit in)를 수식해야 하므로 부사(similarly)로 고쳐 써야 한다.
① 접속사 when으로 뒤에 주어, 동사가 있는 부사절을 이끌고 있으므로 적절하다.
③ 비인칭 주어 it이 쓰인 'it take+시간+to 부정사'의 구문으로 'to 부정사에 ~ 시간이 걸리다'의 뜻이다.
④ 분사구문으로 주절의 주어(cat)가 공간을 채우는 능동의 주체이므로 현재분사 filling을 쓰는 것이 적절하다.
⑤ 앞의 동사 try와 and로 연결된 병렬구조로 behave를 쓰는 것은 적절하다.

어휘

honor	경의를 표하다
set out	시작하다, 착수하다
furry	털로 덮인
adjust to	~에 적응하다
container	용기, 그릇
apply	적용하다
liquid	액체
solid	고체
handle	다루다
settle down	자리를 잡다
circumstances	환경
prevent A from B	A가 B를 못하게 하다
behave	행동하다
reach	닿다, 이르다

05 정답 ③

소재 갑작스러운 성공이나 상금의 위험성

갑작스러운 성공은 매우 위험할 수 있다. 신경학의 관점에서, 이것은 흥분과 에너지의 강력한 분출을 일으키는 어떤 화학물질들이 뇌에서 분비되도록 초래하는데, 그것은 욕망이 이 경험을 반복하는 것으로 이어진다. 어떤 종류의 중독 또는 광적 행동이 일어날 수 있다. 또한, 이익이 빠르게 오면, 우리는 진정한 성공이 힘든 일을 통해서 와야 한다는 기본적인 지혜를 잊어버리는 경향이 있다. 우리는 그처럼 어

렵게 얻은(→갑작스러운) 이익에 있어 운이 하는 역할을 깨닫지 못한 다. 우리는 많은 돈이나 관심을 얻는 것으로부터 그런 기쁨을 되찾으 려고 노력한다. 우리는 우월감들을 얻고 우리에게 경고를 하려고 하 는 사람에게 특히 저항하며, 그들이 질투한다고 말한다. 이것은 지속 될 수 없기 때문에, 우리는 필연적인 추락을 경험하는데, 그것은 훨 씬 더 고통스럽고, (반복되는) 주기의 우울 부분으로 이어진다.

해설 밑줄 친 ③이 포함된 문장은 갑작스러운 이익은 운이 많은 역할을 한다는 말로 재해석될 수 있다. 그러므로 ③의 hard earned(어렵게 얻은)를 sudden(갑작스러운)과 같은 단어로 바꿔 써야 한다.

어휘

sudden	갑작스러운
in terms of	～의 관점에서
chemical	화학물질
burst	분출, 폭발; 폭발하다
release	분비하다, 방출하다
addiction	중독
manic	광적인, 병적인
result	일어나다, 결과가 생기다; 결과
gain	이익; 얻다
lose sight of	～을 잊어버리다, ～을 놓치다
recapture	되찾다
delight	기쁨, 환희
superiority	우월(성)
resistant	저항하는
jealous	질투하는
inevitable	필연적인, 피할 수 없는
fall	추락; 떨어지다
depression	우울, 침울, 낙담

06
정답 ①

소재 결과를 위해 꾸준히 노력해야할 필요성

아무것도 즉각적으로 일어나는 것은 없으므로, 우리는 처음에 어떤 결과들도 볼 수 없다. 한 남자가 두 개의 나무 막대기를 함께 문질러 서 불을 피우려고 시도한다. 그는 "난 이 나무로 불을 피울 수 있어." 라고 혼잣말을 하고, 그는 모든 노력을 다해 문지르기 시작한다. 그 는 계속해서 문지르지만, 그는 참을성이 매우 있지는 않다. 그래서 그는 의욕을 잃게 되고 잠시 쉬려고 멈춘다. 그러고 나서 그는 다시 시작하지만, 그리고 나서 다시 휴식을 취한다.

그때쯤에 열은 사라져버렸는데, 그가 충분히 오랫동안 계속하지 않 았기 때문이다. 결국, 그는 완전히 멈춘다. 그는 그가 "여기에는 불이 없네."라고 말하며, 완전히 포기할 때까지 점점 의욕을 잃게 된다. 사 실, 그는 그 일을 하고 있었지만, 불이 생길 만큼의 충분한 열이 없었 다. 그 불은 항상 그곳에 있었지만, 그는 끝까지 (불을 피우는 것을) 계속하지 않았던 것이다.

해설 나무 막대기를 이용해서 계속 문질러야 불을 피울 수 있는 것처럼, 어 떤 것도 꾸준한 노력이 없으면 결과가 나오지 않는다는 것이 글의 내용이다. 따라서 글의 빈칸에 들어갈 말로 가장 적절한 것은 ① he didn't carry on to the end(그는 끝까지 (불을 피우는 것을) 계속하지 않았던 것이다)이다.
② 누군가가 그에게 포기하지 말라고 말했다
③ 그 막대기들이 충분히 튼튼하지 않았다
④ 그는 계획을 미리 세우지 않고 시작했다

⑤ 날씨가 불이 일어나기에 적합하지 않았다

어휘

immediately	즉각적으로, 즉시
result	결과; 결과가 생기다
rub	문지르다, 비비다
effort	노력
patient	참을성이 있는; 환자
discouraged	의욕을 잃은, 낙담한
rest	휴식을 취하다; 휴식, 나머지
for a while	잠시, 한참동안
disappear	사라지다
continue	계속하다
enough	충분히, 매우; 충분한
ultimately	결국, 마침내
altogether	완전히, 함께
completely	완전히
actually	사실, 실은, 실제로
carry on	계속하다, 수행하다
in advance	미리, 사전에
suitable	적합한, 딱 맞는

07
정답 ②

소재 상대성과 순응 사이의 작용원리

어떤 변화가 환경 안에서 일어날 때, 상대적인 증가와 감소가 뉴런이 신호를 보내는 속도로 작동한다. 강도는 암호화되고 상대성이 우리 의 감각들을 통제하기 위해 작동한다. (B) 예를 들어, 두 손이 미지근 한 물에 넣어지기 전에 한 손은 뜨거운 물에 다른 한 손은 얼음물에 담가 보아라. 당신은 온도의 상충하는(서로 다른) 감각들을 경험할 것이다. (A) 비록 두 손이 지금은 같은 물속에 있지만, 이전 경험으 로부터의 상대적인 변화 때문에 한 손은 더 차갑게 느끼고 다른 손은 더 따뜻하게 느낀다. 이러한 과정은 '순응'이라고 불린다. (C) 그것은 일단 당신이 햇볕이 쨍쨍한 날에 내부로 들어올 때 당신이 왜 어두운 방 안에서 눈이 멀게 되는지를 설명해 준다. 당신의 눈은 빛의 강도 의 새로운 수준에 익숙해져야 하니까. 그것은 또한 달콤한 초콜릿을 먹은 후에 사과가 신맛이 나는 이유도 설명해 준다.

해설 변화는 뉴런이 신호를 보내는 증가와 감소에 따라 강도가 암호화되 고 상대성이 작동하면서 발생한다는 주어진 문장 이후에, 온도가 다른 물속에 각각 한 손을 넣는 실험내용이 나오는 (B)가 오고, 이제는 두 손이 같은 온도의 물속에 있지만 서로 다른 느낌의 차이를 설명한 (A)가 이어진 뒤, 또 다른 유사 한 사례를 제시한 (C)로 이어지는 것이 글의 순서로 가장 적절하다.

어휘

occur	일어나다, 발생하다
relative	상대적인 cf. relativity n. 상대성
rate	속도, 비율
neuron	뉴런(신경의 단위)
fire	신호를 보내다, 발화하다
intensity	강도
operate	작동하다
sensation	감각
even though	비록 ～라 할지라도
prior	이전의
process	과정, 절차

adaptation	순응, 적응
lukewarm	미지근한
conflicting	상충하는, 서로 다른
get blind	눈이 멀다, 완전히 안 보이다
once	일단 ~하면
accustomed to	~에 익숙한
sour	신맛이 나는

08　　　　　　　　　　　　　　　　　　정답 ③

소재 진공청소기의 발명과정에 감춰진 사실

Herbert Cecil Booth는 최초의 이동식 전동 진공청소기를 발명한 것으로 자주 공로를 인정받는다. 사실, 그는 '진공청소기'라는 용어를 만든 최초의 사람이라고 주장했을 뿐이었다. 이 장치에 사용된 용어인 '진공'은 부적절한 이름인데, 왜냐하면 진공청소기에는 진공(진공상태)이 없기 때문이다. 오히려, 그것은 폐쇄된 용기 속으로 작은 구멍을 통해 유입되는 공기인데, 내부에 있는 송풍기에 의해 용기 밖으로 배출되는 공기의 결과이다. 그러나 '흡입을 만들기 위해 폐쇄된 용기 속의 빠른 공기의 흐름' 청소기라는 말이 그다지 과학적으로 들리지 않을 것이다. 어쨌든, 우리는 그것의 발명 때부터 그 '진공'이라는 말을 사용해 왔으며, Booth 이전에 '진공'에 대한 어떠한 언급을 찾기는 어렵다. 흥미로운 건, Booth 자신도 그의 의도된 발명품을 설명한 임시 제품 설명서를 제출할 때 '진공'이라는 용어를 언급하지 않았다는 것이다.

해설 주어진 문장은 진공청소기의 실제 작동 원리를 설명한 내용으로, 진공청소기에서 사용된 진공(상태)이라는 용어가 부적절하다는 문장 다음에 오는 것이 옳다. 따라서 주어진 문장이 들어가기에 적절한 곳은 ③이다.

어휘

rather	오히려, 다소
be credited with	~의 공로를 인정받다
mobile	이동식의, 움직이는
actually	사실, 실제로
claim	주장하다
term	용어, 기간, 임기
device	장치, 기계
inappropriate	부적절한
vacuum	진공(상태)
rapid	빠른
suction	흡입
reference	언급, 참고, 지칭
prior to	~ 이전에
mention	언급하다, 말하다
file	제출하다; 서류, 파일
describe	설명하다, 묘사하다
intended	의도된

Mini Test 제**3**회　　　　　　　　　　본문 p.122

01 ③	02 ③	03 ⑤	04 ④
05 ①	06 ④	07 ⑤	08 ②

01　　　　　　　　　　　　　　　　　　정답 ③

소재 레크리에이션 참여의 다양한 동기

레크리에이션은 아마도 다양한 형태들을 가질 것이며 그것은 또한 광범위한 개인의 욕구와 관심사를 충족시킨다. 많은 참여자들은 일의 압박이나 다른 긴장으로부터의 휴식과 분출구의 형태로 레크리에이션에 참여한다. 일반적으로, 그들은 텔레비전, 영화, 또는 다른 형태의 전자(기기)의 오락을 즐기는 여흥의 수동적인 구경꾼일지도 모른다. 그러나, 다른 중요한 놀이의 동기들은 창의성을 표현하거나, 숨겨진 재능을 발견하거나, 개인적 표현의 다양한 형태들에서 우수함을 추구하려는 욕구에 기초한다. 몇몇의 참여자들에게 있어, 활동적이고 경쟁적인 레크리에이션은 적의와 공격성을 분출하려는 기회를 제공할지도 모른다. 그것은 때때로 그들이 다른 사람이나 모험적이고, 위험성이 높은 활동들 속에 있는 환경에 투쟁하도록 돕기도 한다. 다른 사람들은 매우 사교적이고 새로운 친구를 사귀거나 집단 환경들에서 다른 사람들과 협력할 기회를 제공하는 레크리에이션에 참여하기도 한다.

해설 레크리에이션은 다양한 형태들을 가지는데, 개인의 욕구와 관심사가 매우 다양해서 그것들은 충족시켜야 하기 때문이라는 것이 글의 중심 내용이다. 그러므로 글의 주제로 가장 적절한 것은 ③ '레크리에이션의 참여를 위한 다양한 동기들'이다.

① 레크리에이션의 참여가 기억력에 미치는 영향
② 일과 여가 사이에서 균형의 중요성
④ 레크리에이션 운동을 촉진시키는 사회적 요인
⑤ 레크리에이션의 참여에 영향을 주는 경제 동향

어휘

range	범위, 영역; ~에 이르다
individual	개인적인; 개인
participant	참여자
relaxation	휴식, 안식
release	분출(구), 해방; 분출하다
tension	긴장(감)
typically	일반적으로, 전형적으로
passive	수동적인
spectator	구경꾼, 관객
electronic	전자(기기)의
amusement	오락, 재미, 놀이
significant	중요한, 시사하는
express	표현하다
pursue	추구하다
competitive	경쟁적인
hostility	적의, 적개심
aggression	공격(성)
struggle against	~에 투쟁하다, ~에 대항하다
adventurous	모험적인
highly	매우, 상당히 (cf. high 높은; 높게)
cooperate with	~와 협력하다

02　　　　　　　　　　　　　　　　　　정답 ③

소재 정확하게 알 수 없는 발명품의 기원

많은 발명품들은 수천 년 전에 창조되어서, 그것들의 정확한 기원을 아는 것은 어려울 수 있다. 때때로 과학자들은 초기 발명품의 모형을 발견한다.

이 모형으로부터 그들은 그것이 얼마나 오래되었고 그것이 어디에서 왔는지를 우리에게 정확히 말해줄 수 있다. 하지만, 다른 과학자들도 역시, 세계의 다른 지역에서 똑같은 발명품의 훨씬 더 오래된 모형을 발견할 가능성이 언제나 있다. 도자기의 발명이 좋은 예이다. 수 년 동안 고고학자들은 도자기가 근동지역(현대의 이란 근처)에서 처음 발명되었다고 믿었다. 그들은 그것이 기원전 9,000년으로 거슬러 올라간다고 생각했다. 1960년대에, 그러나, 기원전 10,000년의 더 오래된 도자기들이 또 다른 나라에서 발견되었다. 고고학자들이 미래에 어딘가 다른 곳에서 훨씬 더 오래된 도자기를 발견할 가능성이 언제나 있는 것이다.

해설 많은 발명품들의 모형이 과학자나 고고학자들에 의해 계속 발견되고 있는데, 앞으로도 발견된 가능성은 언제나 있다는 것이 글의 내용이다. 따라서 글의 제목으로 가장 적절한 것은 ③ '발명품의 기원: 아직 끝나지 않은 여정'이다.
① 당신은 어떻게 진품과 모조품을 구별할 수 있습니까?
② 고대 도자기의 재료를 탐구하기
④ 과거로부터 배우고, 더 나은 쪽으로 변하라
⑤ 인간의 문명에 대한 원동력인 과학

어휘

invention	발명품, 발명
exact	정확한
origin	기원, 태생, 유래
from time to time	때때로
discover	발견하다
model	모형, 모델
accurately	정확히
possibility	가능성
even	훨씬, 심지어
part	지역, 부분, 일부
pottery	도자기
archaeologist	고고학자
suppose	생각하다, 가정하다
date back to	~으로 거슬러 올라가다
somewhere else	어딘가 다른 곳에서
fake	모조(품); 가짜의
explore	탐구하다, 탐험하다
driving force	원동력, 추진력

03　　　　　　　　　　정답 ⑤

소재 조명 효과에 의한 과대평가

조명 효과는 우리 자신이 무대의 중앙에 있다고 보는 현상으로, 다른 사람들이 우리에게 관심을 기울이는 정도를 자연스럽게 과대평가하는 것이다. Timothy Lawson은 대학생들로 하여금 동료 집단을 만나기 전에 앞면에 커다란 유행하는 상표가 있는 운동복 상의로 갈아입도록 함으로써 조명 효과를 조사했다. 그들 중 거의 40 퍼센트가 다른 학생들이 셔츠에 무엇이 있었는지 기억할 것이라고 확신했지만, 단지 10 퍼센트가 실제로 그러했다. 대부분의 관찰자들은 학생들이 몇 분 동안 방을 떠난 후에 운동복 상의들을 갈아입은 것조차 알아차리지도 못했다. 또 다른 실험에서, 가수 Barry Manilow가 그려진 티셔츠와 같이 두드러지는 옷들조차도 오직 23 퍼센트의 관찰자들만이 알아차리게 했는데 이는 티셔츠를 입고 있는 학생들에 의해 추정된 50 퍼센트보다 훨씬 더 적은 수치였다.

해설 ⑤ 주어 clothes에 호응하는 문장의 술어동사가 없으므로 provoking을 provoked로 고쳐야 한다.
① 선행사 the extent를 수식하는 관계대명사절로 to which 다음에 완전한 문장이 이어지고 있으므로 적절하다.
② 사역동사 have가 전치사의 목적어로 쓰인 구문으로 목적어(college students)와 목적격 보어(change)의 관계가 능동이므로 동사원형으로 쓰인 change는 적절하다.
③ '부분표현 of 명사'가 주어로 쓰인 경우 전치사 of 다음의 명사가 주어이므로 복수동사 were는 적절하다.
④ 완전한 구조의 문장을 이끌어 notice의 목적어 역할을 하는 명사절 접속사로 쓰인 that은 적절하다.

어휘

spotlight effect	조명 효과
phenomenon	현상
overestimate	과대평가하다
extent	정도
pay attention to	~에 관심을 기울이다
sweatshirt	운동복 상의
front	앞면
peer	동료집단, 또래
nearly	거의
actually	실제로
observer	관찰자
notice	알아차리다
noticeable	두드러지는
provoke	자극하여 ~하게 하다
fewer	더 적은
estimate	추정하다

04　　　　　　　　　　정답 ④

소재 언론의 자유를 옹호한 Voltaire

언론의 자유와 종교적 관용의 옹호자였지만, Voltaire는 많은 논란을 불러 일으켰다. 예를 들어, 그는 "나는 여러분이 하는 말을 싫어하지만 그것을 말할 여러분의 권리를 옹호할 것이다"라고 선언했다. 그것은 어떤 사소한 의견도 들려질 자격이 있다는 생각에 대한 강력한 변론이었다. 하지만, 가톨릭 교회는 출판될 수 있는 것을 엄격히 통제하였다. Voltaire의 많은 책은 검열을 받았고 공개적으로 불태워졌으며, 그는 심지어 귀족을 모욕했다는 이유로 감옥에 수감되었다. 그러나, 이 중 아무것도 그가 그의 주변 사람들의 편견과 가식에 도전하는 것을 멈추게 하지 못했다. 그의 철학 소설 중 한 권에서, 그는 흥미로운 방식으로 당대의 인류와 우주에 대한 종교적인 낙관론을 완전히 지지했고(→ 약화시켰고), 그 책을 베스트셀러로 만들었다. 현명하게도, Voltaire는 책에서 자신의 이름을 지웠는데, 만약 그렇지 않았다면 그는 종교적 신념을 조롱한 이유로 다시 감옥에 갇혔을 것이다.

해설 ④ Voltaire가 주위의 편견과 가식에 도전을 하였다고 하였으므로 당대의 종교적인 낙관론을 지지했다는 것은 글의 흐름상 어색하다. 따라서 ④ supported를 undermined(약화시키다, 훼손하다)와 같은 단어로 바꾸는 것이 적절하다.

어휘

dvocate	옹호자
ee speech	언론의 자유
eligious	종교적인
oleration	관용
ontroversy	논란
eclare	선언하다
efend	옹호하다
ght	권리
efense	변론
ivial	사소한
eserve to 동.원	~할 만하다
trictly	엄격히
ensor	검열하다
ublicly	공개적으로
nprison	감옥에 넣다, 투옥하다
sult	모욕하다
oblemen	귀족
rejudice	편견
hilosophical	철학의
ontemporary	동시대의
ptimism	낙관주의
ake fun of	~을 조롱하다[놀리다]

05 정답 ①

소재 결정을 미루는 것의 효과

만약 당신이 당신의 아이디어와 결정을 미루면, 그것들(아이디어와 결정)은 당연히 향상된다는 것이 오랫동안 제기되어 왔다. 결정을 내리는 것을 미루는 것이 그 자체로 하나의 결정이라는 것은 명백히 사실이다. 정치적 과정은 본질적으로 미루기와 협의의 체계이다. 그런 문제에 관해서, 위대한 그림, 책, 또는 Marlborough 공작의 건축가들과 일꾼들이 건설하는데 15년이 걸린 Blenheim 궁전과 같은 건물의 창조도 또한 그러하다. 그 과정 속에서, 계획은 부드러워질 수 있고 풍요로워질 수 있다. 정말로, 서두름은 우아함의 장애물이 될 수 있다. Sword in the Stone의 저자인 T. H. White가 한번 썼던 것처럼, 시간은 "한 시간 혹은 하루 안에 소비되는 것이 아니라 신중하게 그리고 점진적으로 서두르지 않고 소비되게 되어 있다." 다른 말로 하자면, 오늘 반드시 하지 않아도 되는 것을 내일까지 미루라.

해설 아이디어와 결정을 미루면 그것이 향상된다는 이점이 있지만 오히려 서두르게 되면 우아함을 잃어버릴 수 있다는 내용의 글이므로, 빈칸에 적절한 것은 ① hurry(서두름)이다.

② 조심 ③ 복잡성 ④ 모방 ⑤ 체계

어휘

uggest	제기[제안]하다
ostpone	미루다
nay well 동.원	~하는 것은 당연하다
bviously	명백히
ut off	미루다
nake a decision	결정을 내리다
olitical	정치적인
ssentially	본질적으로
elay	미루기

architect	건축가
laborer	일꾼, 노동자
construct	건설하다
soften	부드럽게 하다
enrich	풍요롭게 하다
obstacle	장애물
elegance	우아함
author	저자
gradually	점진적으로
be meant to 동.원	~하기로 되어 있다
necessarily	반드시

06 정답 ④

소재 과학이 작동하는 방식

19세기 후반의 생리학의 발견처럼, 오늘날 생물학의 획기적인 발견은 인간 유기체가 작동하는 방식에 대한 우리의 이해를 근본적으로 바꿔놓았고, 의료 행위를 완전히 그리고 본질적으로 변화시킬 것이다. (C) 많은 사람들의 마음속에서, '획기적인 발견'이라는 말은 즉시 모든 것을 명확하게 만드는 놀랍고 새로운 발견을 의미하는 것처럼 보인다. 그러나, 과학은 실제로는 그런 방식으로 작동하지 않는다. (A) 당신은 초등학교 때 처음 배웠던 과학적 방법을 기억하는가? 그것은 관찰, 가설, 실험, 검증, 수정, 재검증, 그리고 재차 반복되는 재검증의 길고 어려운 과정을 지닌다. (B) 그것이 과학이 작동하는 방식이다. 우리 유전자와 만성 질환 사이의 관계를 이해하는 획기적 발견도 과거로부터의 과학자들의 연구를 기반으로 하여 그러한 방식으로 일어났다. 사실, 그것은 여전히 일어나고 있으며 연구가 진행되는 만큼 그 이야기는 계속 발전된다.

해설 생물학의 획기적 발견이 의료 행위를 근본적으로 바꿀 것이라는 내용이 있는 주어진 문장 다음에 획기적인 발견이 과학의 작동방식이 아니라고 언급한 (C)가 오고, 과학의 작동 방식에 대한 내용을 진술하는 (A)가 이어진 뒤에 과학은 과거의 연구를 기반으로 계속 발전될 것이라는 내용인 (B)가 이어지는 것이 글의 흐름상 적절하다.

어휘

physiological	생리학의
discovery	발견
biological	생물학의
breakthrough	획기적인 발견
radically	근본적으로
organism	유기체
medical practice	의료 행위
fundamentally	본질적으로
method	방법
observation	관찰
hypothesis	가설
experiment	실험
testing	검증(하기)
modifying	수정(하기)
relationship	관계
chronic disease	만성 질환
go on	진행되다, 계속되다
evolve	발전되다, 진화하다
novel	새로운

instantly   즉시

07   정답 ⑤

소재 음파를 더 잘 전달하는 고체

손가락으로 나무 탁자의 표면을 두드려라. 그리고 당신이 듣는 소리의 크기를 관찰해라. 그런 다음, 귀를 탁자 위에 가까이 대어라. 손가락을 귀로부터 대략 1피트 정도 떨어지게 놓은 채로, 다시 탁자 위를 두드리고 소리의 크기를 관찰해라. 책상 위에 귀를 대고 당신이 듣는 그 소리의 크기는 책상으로부터 귀를 떼고 듣는 그것보다 훨씬 크다. 음파는 공기를 통해서 뿐만 아니라 많은 고체 물질을 통해 이동할 수 있다. 나무와 같은 고체는 공기보다 음파를 훨씬 더 잘 전달하는데 왜냐하면 고체 속의 분자들이 공기 중의 그것들(분자)보다 훨씬 더 가깝고 더 집중되어 있기 때문이다. 이것이 고체가 그 파장을 더 쉽고 효율적으로 이동시키도록 해서, 더 큰 소리를 만들어 낸다. 또한 공기 자체의 밀도도 그것을 통과하는 음파의 소리 크기를 결정하는 요소로 작용한다.

해설 주어진 문장에서 이것이 고체가 파장을 더 쉽고 효율적으로 이동시켜 더 큰 소리를 만들어 낸다고 하였으므로, 고체가 소리를 더 잘 전달하는 특징을 언급한 문장 다음에 오는 것이 적절하다. 따라서 주어진 문장이 들어가기에 적절한 곳은 ⑤이다.

어휘

solid	고체
wave	파장
efficiently	효율적으로
tap	두드리다
surface	표면
observe	관찰하다
loudness	소리의 크기
sound wave	음파
through	~을 통해
material	물질
as well as	~뿐만 아니라
transfer	전달하다
molecule	분자
concentrate	집중하다
density	밀도
determine	결정하다
factor	요소
pass through	~을 통과하다

08   정답 ②

소재 Leon Festinge의 자아 형성이론

자아는 내적으로뿐만 아니라 외적으로 살펴봄으로써 사회적 환경에 의해 형성된다. Leon Festinger의 이론은 어떻게 다른 사람들이 당신의 존재를 형성하는지 설명한다. 예를 들어, 당신이 학급에서 공부를 잘하는 학생이었기 때문에 당신이 수학을 잘하는 것처럼 느낀다고 상상해 보라. 그러나, 학교 축제에서 다른 사람이 춤을 추는 것을 본 후 당신이 춤을 못 춘다고 당신은 생각한다. 물론 이러한 사실은 객관적이지도 고정된 것도 아니다. 만약 당신이 우연히 장래의 수학자들이 있는 교실에 있게 놓이게 된다면, 의심할 바 없이 당신은 상대적으로 수학을 못한다고 느낄 것이다. 하지만, 긍정적인 면을 본다면 당신은 춤을 더 잘 춘다고 느낄지도 모른다. Festinger는 이러한 사회적 비교가 완전히 우연한 것이 아니라는 것을 깨달았다. 사람은 비교를 위하여 적극적으로 특정한 사람들을 찾고 특정한 기술과 측면들을 선택한다.

→ 사람들은 그들 스스로 주변에 있는 사람들을 <u>따져 봄으로써</u> 자들이 누구인지에 대한 인식을 <u>얻는다</u>.

해설 학급에서 공부를 잘했기 때문에 남들보다 수학을 잘한다고 느끼만, 미래의 수학자들이 있는 교실에 놓이게 된다면 상대적으로 수학을 못다고 느낄 수 있다는 Leon Festinger의 이론은 우리가 주위 사람들과 비함으로서 자아를 형성한다는 것이므로, 빈칸 (A)에는 acquire(얻다), (B)에 weighing(따져 봄)가 들어가는 것이 적절하다.

① 얻다 - 보호함   ③ 잊다 - 평가함
④ 무시하다 - 경쟁함   ⑤ 과대평가하다 - 무시함

어휘

self	자아
form	형성하다
social	사회적인
outward	외적으로
inward	내적으로
describe	설명하다
shape	형성하다, 모양짓다
imagine	상상하다
be good at	~을 잘하다
be bad at	~을 못하다
neither A nor B	A도 B도 아닌
objective	객관적인
fixed	고정된
without doubt	의심할 바 없이
relatively	상대적으로
feel like	~처럼 느끼다
realize	깨닫다
comparison	비교
entirely	완전히
accidental	우연한
seek out	찾다
particular	특정한
aspect	측면